|新装版|

家庭で作れる
韓国の常備菜

チョン・テキョン 鄭泰慶

河出書房新社

目次

本書をお使いになる前に

＊ 大さじ1は15 ㎖、小さじ1は5 ㎖、1カップは200 ㎖を基準としています。
＊ 粉唐辛子は韓国産のものを使ってください。
＊ 油は質のよいものを。くせのないグレープシードオイルもおすすめ。
＊ 材料にある「だし汁」はp7の粉だしを参照してください。「昆布だし」は、鍋に水とだし昆布を入れて弱めの中火にかけ、煮立ってから10分ほど煮て　火を止め、しばらくおいたものを使います。分量は水2カップに対して10　㎝角のだし昆布1枚が目安です。

はじめに　チョン・テキョン

韓国語で、作りおきできるおかず、常備菜のことをミッパンチャンといいます。「パンチャン」はおかず、「ミッ」は「基本」や「常備している」の意味で、韓国のオモニはたくさん作って冷蔵庫に保存しておきます。旬の野菜を使ったキムチをはじめ、さっと作れるいりこのいり煮、じっくり煮込んだ牛肉のしょうゆ煮などメニューはバラエティ豊かで、どれも身近な食材で作ることができます。いわゆる保存食ほど味が濃くなく、しょうがやねぎ、ごまなどをたっぷり使い、薬食同源の理念に基づいた体にいい料理ばかりです。

韓国では食卓いっぱいにミッパンチャンの皿を並べますが、なかには一品でも十分に主菜になるおかずもたくさんあります。また、毎日食べても食べ飽きることがないので、常に食卓にないともの足りなく感じます。

ミッパンチャンは次のように、暮らしの中のいろいろなシーンで活用できるのが最大の魅力といえます。

1❖日々のおかずに

忙しいときにこそ、ミッパンチャンが大活躍します。白いご飯を用意するだけで、食事の準備が楽にできるのです。また、ミッパンチャンをおむすびやのり巻きの具に利用したり、残った煮もので別のおかずを作ったりすることもできるので、料理の幅がぐっと広がります。

2❖おもてなしに

ミッパンチャンがあれば、急な来客でも慌てなくてすみます。韓国ではお客さんがみえたら必ず、「食事はすませましたか?」と声をかけます。食事がまだだったら、すぐに冷蔵庫にあるミッパンチャンをきれいに盛り合わせて、食卓をととのえます。

3❖お弁当に

味がなじんだミッパンチャンはお弁当のおかずにも最適です。冷蔵庫から出して彩りよく詰めるだけ。日持ちがするので、週末にまとめて作りおきしておけば、忙しい朝にお弁当のおかずの心配をしなくてすみます。

4❖おつまみに

塩辛やさきいかのあえもの、たたみいわしのヤンニョム焼きなど、ご飯のおかずとしてだけでなく、酒の肴になるものがたくさんあります。小皿を並べて少しずつ出すのがおつまみ向きです。

韓国のオモニは、家をあけるときは必ず数種類のミッパンチャンを冷蔵庫に作りおきし、また独立した子どものためにはたくさんのミッパンチャンを作って渡す習わしもあります。私も一人暮ら

日々のおかずに

おもてなしに

しをはじめた息子が帰ってくると、息子が好きなミッパンチャンを何品か作って渡します。

私が子どものころ、母はいつも忙しく何かをやっていました。今思うと、家族の健康のことを考えて、季節ごとに旬の食材でいろいろなミッパンチャンを作っていたのです。あるときは、朝早く漁港の魚市場に行って、獲れ立ての新鮮な魚やオキアミ、イカやカニを買い求め、それで自家製の塩辛を漬けていました。細長いハンアリ（壺）に詰めて塩をたっぷりかぶせて、暗い地下室で何年もかけて貯蔵します。これはキムチを漬けるときの味の決め手になり、ご飯のおかずにも利用していました。

毎日のお弁当のおかずを詰めるのはお母さんの知恵とソムシ（腕前）を試されることになります。お母さんの自慢のミッパンチャンを友達と分け合って食べるのも、お弁当の時間の楽しみでした。母親のおかずだけでなく、友達のお弁当のおいしかったおかずが記憶に残っていて、その味を再現することもあります。

夫の好物はソゴギ・ジャンジョリム（牛肉のしょうゆ煮）です。温かいご飯にしょうゆがしみた卵と裂いた牛肉をのせて、煮汁をかけて食べるのが定番で、それはおいしそうに食べてくれます。青唐辛子の辛さと香りがあり、ほどよいかみごたえのあるジャンジョリムを作るために、牛肉を選ぶところから慎重に行います。

私は海外旅行にもミッパンチャンを持っていきます。現地の食事が口に合わないときでも、コチュジャン肉みそを口にすれば、旅の疲れが取れ、元気が湧きます。仕事で帰宅が遅くなるときでも、冷蔵庫に手作りのミッパンチャンがあることを思うと、家に帰ってからの食事が楽しみです。

皆さんもぜひこの中からお気に入りをみつけて、時間があるときに作ってください。冷蔵庫に常備しておけば、日々の食事が豊かになること間違いありません。

お弁当に

おつまみに

基本の調味だれ

韓国料理では合わせ調味料のことをヤンニョム（薬念）といい、薬食同源の考えから、ねぎやしょうが、にんにくなどの薬味がたくさん使われています。ミッパンチャンを作るのに便利なチョンさんオリジナルのたれを紹介します。

ヤンニョムジャン

양념장◆ヤンニョム・ジャン

しょうゆベースのたれ。ジョンにつけて食べたり、煮ものや焼きもの、チャーハンなど、使い道が多いたれです。

材料（作りやすい分量）

しょうゆ50㎖　だし汁大さじ2　砂糖小さじ1　いりごま（白）大さじ1　長ねぎ（みじん切り）大さじ3　粉唐辛子（中挽き）小さじ1～2　ごま油大さじ1

作り方

すべての材料を混ぜ合わせる。

＊冷蔵庫で約5日間保存が可能。

万能しょうゆ

만능간장◆マンヌン・ガンジャン

この本でよく使うたれ。これまでのものをより簡単に進化させました。（本書ではしょうゆと砂糖での代用も記しましたが、その割合は料理によって変えています）

材料（作りやすい分量）

しょうゆ500㎖　砂糖250g　みりん、酒各50㎖　だし汁70㎖　にんにくの薄切り50g　しょうがの薄切り20g　黒粒こしょう（つぶす）大さじ1

作り方

鍋にすべての材料を入れて混ぜ、煮立たせてから冷まし、漉す。

＊冷蔵庫で約6か月間保存が可能。

ヤンニョムコチュジャン

양념고추장◆ヤンニョム・コチュジャン

甘辛いコチュジャンベースのたれ。手作りのコチュジャンを使うのがおすすめ。豚肉と相性がよく、炒めものや焼き肉、鍋ものなどに。

材料（作りやすい分量）

コチュジャン（p95参照）200g　粉唐辛子（中挽き）大さじ5　しょうゆ、砂糖、みりん各大さじ4　おろしにんにく大さじ2

作り方

すべての材料を混ぜ合わせる。

＊冷蔵庫で約1か月間保存が可能。

ヤンニョムみそ

양념된장 ◆ヤンニョム・デンジャン

みそは麹みそなども向きます。たっぷりの長ねぎとにんにく、粉だしの自然の旨味で深みのある味に。野菜の漬けものやあえものなどに。

材料（作りやすい分量）

みそ（好みのもの）250g　長ねぎ（みじん切り）½カップ　おろしにんにく大さじ２　水あめ大さじ４（またははちみつ大さじ2）　粉だし（右記参照。しいたけ、いりこ）大さじ２　粉唐辛子（中挽き）大さじ２

作り方

すべての材料を混ぜ合わせる。

＊冷蔵庫で約１か月間保存が可能。

キムチの素

김치양념 ◆キムチ・ヤンニョム

辛さの中にも旨味が詰まったキムチの素。アミの塩辛が手に入らなければ、いわしエキスだけでも構いません。野菜をあえたり、漬けもの、海鮮鍋、チゲに。

材料（作りやすい分量）

粉唐辛子（中挽き）100g　おろしにんにく大さじ３　おろししょうが小さじ１　昆布だし50㎖　いわしエキス（韓国の魚醤。またはナンプラー）50㎖　アミの塩辛50g　砂糖大さじ２

作り方

すべての材料を混ぜ合わせる。

＊冷蔵庫で約１か月間保存が可能。

用意しておくと便利なもの

いりこ

干ししいたけ

昆布

干しえび

粉だし

분말다시 ◆ブンマル・ダシ

料理に旨味を出したいときに便利。用途に合わせてブレンドして用います。キムチにはいりことえび、スープにはいりこや昆布などがおすすめ。

材料（作りやすい分量）

いりこ（煮干し）、干ししいたけ、昆布、干しえび　各30g

作り方

いりこは内臓を除く。材料を別別にブレンダーで細かくする。

＊密閉容器に入れて約1か月間保存可能。湿気ないように注意する。
＊だし汁をとる場合は、粉だしをお茶・だし用紙パックに詰めて、水に入れて煮立たせる。分量は水1カップに対して粉だし大さじ1が目安です。

唐辛子酢

고추식초 ◆コチュ・シッチョ

肉の煮込み料理など、こってりとした料理の隠し味に使うとさっぱりと食べられます。普通の酢と同様に、ドレッシングなどに用います。

材料（作りやすい分量）

酢500㎖　青唐辛子（または赤唐辛子）10本

作り方

酢に青唐辛子を漬ける。

＊常温で約１年間保存が可能。

唐辛子酢

水あめ

물엿 ◆ムルヨッ

韓国では砂糖の代わりに水あめをよく使います。つやが出て甘みもすっきり仕上がるからです。原料が米のもの（上）と、とうもろこしのもの（下）があり、日本の水あめよりさらさらとして使いやすいです。韓国食材店やネットで購入可。日本の水あめやはちみつで代用する場合は、分量を減らして用いるとよいでしょう。

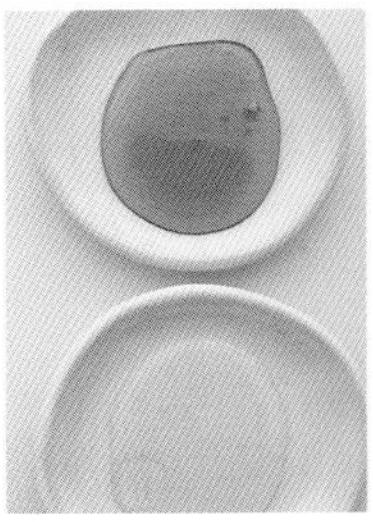

水あめ

1

チョンさんのお気に入り常備菜《ミッパンチャン》

時間のあるときにまとめて作り、冷蔵庫にミッパンチャンを欠かさないチョンさん。ご主人の好物の牛肉のしょうゆ煮をはじめ、いりこのいり煮や大豆のしょうゆ煮など、体のことを考えたおかずは、どれも食べ飽きないおいしさ。チョンさんが繰り返し作っている常備菜を紹介します。

牛肉のしょうゆ煮

소고기장조림 ◆ソゴギ・ジャンジョリム

韓国の代表的なミッパンチャンです。主役にも脇役にもなる存在感のある肉料理で、日持ちがするので、いつも冷蔵庫に作りおきしています。かたまり肉でまとめて作り、食べる分だけ手で細く裂いていただきます。ピビンパプやピビンめんを食べたいときにも、これがあると重宝します。韓国では辛みのある青唐辛子を入れますが、今回はしし唐を使ったので、赤唐辛子で辛みを加えました。にんにくを多めに入れて風味をきかせるのがポイントです。煮汁は、卵かけご飯やお粥にかけてもおいしく、煮ものに使ったり、酢を加えてドレッシングに利用することもできます。

材料（作りやすい分量）

牛かたまり肉（肩ロース、もも肉など）……500g
ゆで卵……6個
しし唐……8本

A
- しょうが（薄切り）……2かけ
- 黒粒こしょう……大さじ1
- 唐辛子酢（p7参照。または酢）……大さじ2

B
- しょうゆ……100㎖
- 砂糖……大さじ2
- にんにく……8片
- 赤唐辛子……2本

作り方

1 牛肉は6㎝角に切り、水に20分ほどつけて血抜きをする。

2 鍋に5カップの湯を沸かし、**1**の牛肉と**A**を入れ、弱めの中火でアクと脂を取りながら牛肉がやわらかくなるまで30～60分ゆでる（肉の部位により時間が異なる）。

3 鍋から牛肉を取り出し、ゆで汁も取り出してそのうち約2カップを漉して鍋にもどす（ゆで汁は多めでもよいが2カップより少ない場合は水を足す）。**B**を加えて牛肉をもどし入れ、弱めの中火で約20分煮る。肉に味がしみたら、ゆで卵としし唐を加え、煮汁が⅓量になるまで煮詰める。

4 牛肉は食べる分だけ手で食べやすい大きさに裂いて、半分に切ったゆで卵、しし唐、にんにくとともに器に盛る。

＊冷蔵庫で約1週間保存が可能。5日ごとに火を入れると長持ちし、1か月間保存が可能。

牛肉が湯から出ないように、牛肉がちょうど入る大きさの鍋を使う。

牛肉の旨味の出たゆで汁を利用し、調味料を加えて煮る。ゆで卵としし唐はあとから加えて煮詰めていく。

ロールキャベツの水キムチ

양배추말이물김치 ◆ヤンベチュ・マリ・ムルキムチ

一般的な水キムチは白菜や大根の角切りを使いますが、この水キムチは、せん切りの野菜をロールキャベツのように包んで漬けたものです。これなら野菜料理として主役になり、サラダ感覚でいただけるのが気に入っています。美しい切り口が目にも楽しく、お客さまにも大変喜ばれています。水キムチは漬け汁を飲むために作ると言ってもいいほど、漬け汁の味が決め手になります。私は発酵を促すために、特製のキムチ用のりを加えて作っています。ぜひ漬け汁も一緒に味わってください。

材料（10個分）

キャベツ……１個
大根……400g
きゅうり……２本
にんじん……１本
赤ピーマン……２個
せり……10本

A
- 水……５カップ
- 粗塩……１カップ

キムチ用のり（p71参照）……１カップ

B
- 水……５カップ
- おろしにんにく……大さじ1
- 梨（すりおろす。またはりんご）……¼個
- おろししょうが……小さじ1
- 粉唐辛子（粉末）……小さじ１～２
- 塩……大さじ1

作り方

1 キャベツは芯をくり抜き、丸ごとボウルに入れて**A**の塩水を注ぎ（キャベツが塩水から出ないようにする）、２時間以上おく。

2 キャベツがやわらかくなったら１枚ずつはがして、大きい葉を10枚用意し（残りは煮込み料理などに用いる）、せりとともに、しんなりするまで塩水に漬ける。

3 大根、きゅうり、にんじん、赤ピーマンは５㎝長さのせん切りにして、混ぜ合わせる。

4 **2**のキャベツの水気をきって広げ、**3**の⅒量をのせて、ロールキャベツの要領できっちり巻き、**2**のせりで結んで留める。保存容器に入れる。

5 **B**を混ぜ合わせて目の細かいストレイナーで漉す。キムチ用のりを作り、漉して**B**に加え、混ぜ合わせる。

6 **5**を**4**に注ぐ。室温で１日（真夏は半日）寝かせてから冷蔵庫に入れる。冷えたころから食べられる。１個を３等分して汁とともに器に盛る。

＊冷蔵庫で約１週間保存が可能。

丸ごと塩水に漬けて葉がやわらかくなったら、1枚ずつはがして、せりも一緒に塩水に漬ける。

せん切りの野菜を、ロールキャベツのように巻く。

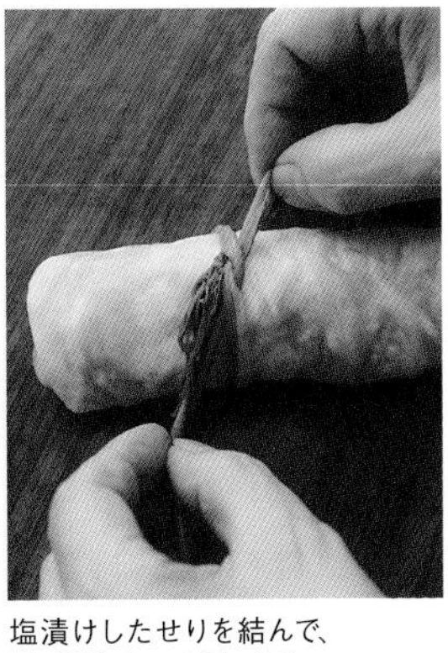

塩漬けしたせりを結んで、形が崩れないようにする。

キムチ用のりを入れて発酵を促すことで、おいしい漬け汁になる。

豚肉のポッサム

제육보쌈 ◆ ゼユッ・ポッサム

ポッサムは「包む」という意味で、ゼユッ・ポッサムはゆで豚を白菜の漬けものや葉野菜で包んで食べる料理です。酸味のある白菜漬けや行者にんにくの酢じょうゆ漬けとの相性もよく、サムジャン（包んで食べる料理に添える合わせみそ）やアミの塩辛のあえものなどを添えると、いくらでも食べられます。韓国ではキムジャン（キムチ作り）の忙しいときに食べる習慣があり、ゆで豚さえ作れば、キムチ用のアミの塩辛や白菜の塩漬けを使ってすぐに食べられるというわけです。各自が好きなように包んで食べる楽しさもあり、おもてなし料理にも向きます。シンプルに、ゆで豚とキムチだけを包んでいただくのもおいしいものです。

リーフレタスとえごまの葉を重ね、大根のあえものを添えて。

行者にんにくの酢じょうゆ漬け、白菜の塩漬け、アミの塩辛のあえものを添えて。

材料（6人分）

ゆで豚

- 豚バラかたまり肉……500g
- 長ねぎ（青い部分）……2本分
- 玉ねぎ（縦半分に切る）……½個
- しょうが（皮ごと薄切り）……25g
- 韓国みそ（または好みのみそ）……大さじ1
- 焼酎……¼カップ

えごまの葉、リーフレタス……各適量

白菜の塩漬け（p71 白菜の下漬け参照）……適量

行者にんにくの酢じょうゆ漬け（p78参照）……適量

大根のあえもの

- 大根……400g
- 万能ねぎ……¼束
- キムチの素（p7参照）……大さじ3

アミの塩辛のあえもの

アミの塩辛……50g

A

- 長ねぎ（みじん切り）……大さじ2
- 砂糖……小さじ1
- 粉唐辛子（中挽き）……小さじ1
- 酢、ごま油……各小さじ1

サムジャン

- ヤンニョムみそ（p7参照）……大さじ3
- ごま油……小さじ1

作り方

1 ゆで豚を作る。鍋に約5カップ（豚肉がかぶるくらい）の水を入れて沸騰させ、豚肉、長ねぎ、玉ねぎ、しょうが、みそを入れる。煮立ったら、焼酎を加え、ふたをして弱めの中火で40～50分ゆでる。

2 豚肉に竹串を刺して透明な汁が出たら火を止め、ゆで汁の中で手で触れるようになるまで冷ます。

3 大根のあえものを作る。大根は5㎝長さの細切りにしてキムチの素であえ、4㎝長さに切った万能ねぎを混ぜ合わせる。

4 アミの塩辛のあえものを作る。アミの塩辛は水で軽く洗って塩気を抜き、水気をきり、**A**を加えてあえる。

5 サムジャンを作る。ヤンニョムみそとごま油を混ぜる。

6 **2**のゆで豚を3～4㎜厚さに切って器に盛る。えごまの葉、リーフレタス、行者にんにくの酢じょうゆ漬け、白菜の塩漬け、**3**、**4**、**5**を添える。サムジャンやアミの塩辛のあえものを添えて、葉ものや漬けものでゆで豚を包んで食べる。

＊保存する場合は、ゆで汁ごと保存容器に入れ、冷蔵庫で3日間。食べるときにゆで汁ごと温める。または、熱いうちにゆで豚を取り出してふきんに包み、重しをして水分と脂分を抜いて固くし、薄く切って保存容器に入れ、冷蔵庫で保存する。

豚バラ肉を、香味野菜、みそ、焼酎を加えてゆでることで、臭みもなく、さっぱりとした旨味のあるゆで豚に仕上がる。

アミの塩辛は韓国食材店やネットなどで購入可能。ごま油や粉唐辛子を加えたあえものは、ゆで豚と相性抜群。

いりこのいり煮

멸치조림 ◆ミョルチ・ジョリム

ジョリムは煮つけのこと。いりこのジョリムはミッパンチャンの定番で、しょうゆ味やコチュジャン味など、味を変えて何種類か作りおきします。栄養バランスを考えて、カシューナッツを加えましたが、くるみやピーナッツなど好みのナッツを加えても。お弁当のおかずや酒のつまみにも重宝します。

材料（作りやすい分量）
いりこ（小）…… 70g
しし唐……８本
カシューナッツ…… 70g
A
- 万能しょうゆ（p6参照）……大さじ１
  （またはしょうゆ、砂糖各小さじ１）
- にんにく（みじん切り）……小さじ１
- 水あめ……大さじ３（またははちみつ大さじ２）
- ごま油……大さじ１

作り方

1 いりこは中火でからいりし、取り出す。

2 フライパンに**A**を入れて煮立て、**1**、カシューナッツ、しし唐を加えて弱火で５分ほど煮からめる。火を止めて、バットなどに広げて冷ます。

＊冷蔵庫で１週間保存が可能。1週間ごとに火を入れると長持ちする。

いりこの
コチュジャンいり煮

고추장멸치조림 ◆コチュジャン・ミョルチ・ジョリム

韓国ではかたくちいわしのことをミョルチといい、小さめのいりこでミッパンチャンを作ります。ほのかににんにくの風味のきいたピリ辛味をお楽しみください。大きいいりこでも作れますが、その場合は頭と内臓を除いてください。

材料（作りやすい分量）
いりこ（中）…… 100g
いりごま（白）……大さじ１
A
- コチュジャン……大さじ２
- 水あめ……大さじ２（またははちみつ大さじ1½）
- 粉唐辛子（中挽き）……小さじ１
- おろしにんにく、砂糖、酒、ごま油……各大さじ１

作り方

1 いりこは頭と内臓を除き、中火でからいりし、取り出す。

2 フライパンに**A**を入れて煮立て、**1**を加えて弱火でじっくり５〜６分煮からめる。

3 火を止めてごまを加えて混ぜ、バットなどに広げて冷ます。

＊冷蔵庫で２週間保存が可能。

じゃこのいり煮

잔멸치조림 ◆ジャンミョルチ・ジョリム

しょうゆの風味を楽しむ、少し甘めのジョリムです。万能しょうゆは風味づけに使いますが、ちりめんじゃこの塩分が強い場合は、量を減らしてください。にんにくを薄切りにして加え、にんにくの味も楽しめるようにしました。

材料（作りやすい分量）
ちりめんじゃこ（乾燥したもの）…… 70g
赤唐辛子、青唐辛子……各１本
にんにく（薄切り）……３片
いりごま（白）……大さじ½
A
- 万能しゅうゆ……大さじ½
  （またはしょうゆ、砂糖各小さじ½）
- 水あめ……大さじ３（またははちみつ大さじ２）
- ごま油……大さじ½

油……大さじ１

作り方

1 赤唐辛子と青唐辛子は縦半分に切り、種を取ってせん切りする。

2 フライパンでちりめんじゃこをからいりする。油、にんにくを加えてさらに炒めたら、脇に寄せる。

3 **2**のフライパンを斜めにかたむけて混ぜ合わせた**A**を入れ、煮立ったら脇に寄せたちりめんじゃこと**1**を合わせて混ぜ、弱火で５分ほど煮からめる。火を止めてごまを加えて混ぜ、バットなどに広げて冷ます。

＊冷蔵庫で２週間保存が可能。

干しだらのヤンニョム焼き

북어양념구이 ◆プゴ・ヤンニョム・グイ

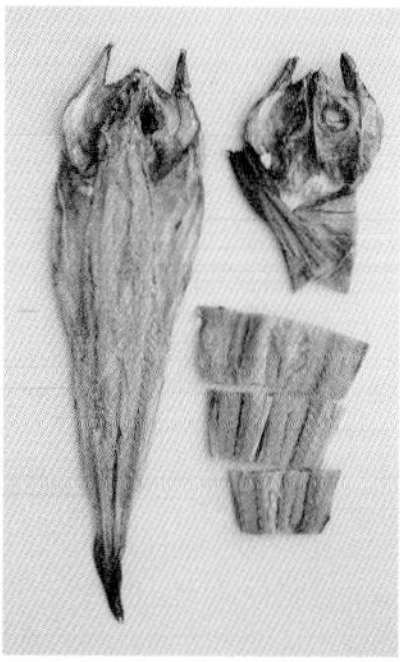

韓国の干しだらはプゴと呼び、真冬に凍らせながら乾燥させるので、日本の干しだらと違って塩気がないのが特徴です。肉厚の身の部分を使ってまとめて作り、食べる分だけ焼いて、焼き立てをいただきます。私は間にラップを敷いて重ねて冷凍しています。これを使ってチゲ（p93参照）を作ることも。残った干しだらのアラは、スープのだしをとるのに使います。

材料（作りやすい分量）

韓国干しだら……２尾
長ねぎ（みじん切り）……¼カップ
油……適量
A ヤンニョムコチュジャン（p6参照）……大さじ３
　酒、みりん、ごま油……各大さじ２
　いりごま（白）……大さじ１

作り方

1 干しだらは霧吹きで水をかけて軽くしめらせ、はさみで頭、尾を切り、骨を除いて、身を５㎝幅に切る。
2 **A**を混ぜ合わせて、ねぎを加え、**1**の干しだらの身の方に均等に塗り広げる。ラップで小分けして保存容器に入れる（この状態で冷凍庫で約１か月保存が可能）。
3 フライパンに油を熱し、**2**をたれを塗っていない面から焼き、両面を焼く。食べやすく切って器に盛る。
＊冷蔵庫で１週間保存が可能。冷凍の場合は約１か月。

こんにゃくのピリ辛

곤냑조림 ◆コンニャク・ジョリム

味つけに使う万能しょうゆににんにくが入っているので旨味はありますが、好みでにんにくのすりおろしや薄切りを加えてもおいしい。こんにゃくはスプーンを使ってちぎると、味がよくからみます。

材料（４人分）

こんにゃく……１枚
A 万能しょうゆ（p6参照）……大さじ４
　（またはしょうゆ大さじ2、砂糖大さじ1）
　だし汁……¼カップ
　赤唐辛子（５㎜幅の斜め切り）……２本
油……大さじ½

作り方

1 こんにゃくはスプーンでちぎり、熱湯で下ゆでして水気をきる。
2 鍋に油を熱して**1**を弱めの中火で炒める。**A**を加えて煮汁が少なくなるまで煮詰める。
＊冷蔵庫で３日間保存が可能。３日ごとに火を入れると長持ちする。

干しだらのふりかけ

북어보푸라기 ◆プゴ・ボプラギ

細く裂いてある干しだらを使えば手軽に作れます。綿のようにふわふわに仕上げるのがポイントです。霧吹きで全体をさっとしめらせることで、乾燥したときに粉になるのを防ぐことができます。

材料（作りやすい分量）

韓国干しだら（細く裂いたもの）……50g
A 粉唐辛子（中挽き）……小さじ１
　砂糖……小さじ２
　塩……小さじ½
　ごま油……大さじ１
いりごま（白）……小さじ２

作り方

1 干しだらは霧吹きで水を２～３回かけて軽くしめらせ、細かくちぎる。
2 フードプロセッサーに**1**と**A**を入れてふわふわに細かくなるまで回し、取り出してごまを混ぜる。
＊冷蔵庫で10日間保存が可能。

さつま揚げの炒め煮

어묵조림 ◆オムッ・ジョリム

韓国料理ではさつま揚げはおでんのように煮るよりも、炒めておかずにすることが多いのです。基本のたれのヤンニョムジャンを使うと、味に深みが出ます。

材料（４人分）

さつま揚げ……４枚（250g）
しし唐……８本
A ヤンニョムジャン（p6参照）……大さじ２
　おろしにんにく……大さじ½
　水……大さじ３
油……大さじ１

作り方

1 さつま揚げは熱湯をかけて油抜きし、細く切る。しし唐は斜めに２～３等分に切る。
2 鍋に油を熱して**1**を入れ、弱めの中火で炒める。
3 **A**を加えて汁気が少なくなるまで煮詰める。
＊冷蔵庫で１週間保存が可能。３日ごとに火を入れると長持ちする。

茎わかめの炒め煮

미역줄기조림 ◆ミヨッ・ジュルギ・ジョリム

茎わかめの食感が楽しい常備菜です。普通の鍋でも作れますが、圧力鍋を使うともちっとした食感になり、それがおいしいので、私は圧力鍋で作っています。

材料（作りやすい分量）

茎わかめ（塩蔵）……200g
おろしにんにく……小さじ2
ごま油……大さじ2
いりごま（白）……大さじ1
A ┌ だし汁……1カップ
　 └ しょうゆ……大さじ2

作り方

1 茎わかめはよく洗い、水につける。2～3回水をかえながら20分ほど塩抜きし、ざるに上げて水気をきり、縦に細く裂き、10㎝長さに切る。
2 フライパンにごま油を熱してにんにくを炒め、香りが出たら**1**を加えて5分ほど炒める。**A**を加え、ふたをして弱火でやわらかくなるまで約20分煮る。ふたを取って汁気がなくなるまで煮詰めて、ごまを混ぜる。(圧力鍋の場合は、**A**を加えたら、圧力鍋のふたをして強火にかけ、蒸気が上がったら弱火にして10分煮る。圧が下がったらふたを取り、あとは同様に作る)。
＊冷蔵庫で5日間保存が可能。

ミックスナッツのいり煮

모듬견과류조림 ◆モドゥム・ギョンカリュ・ジョリム

なつめやくるみは、韓国料理によく使うのでとても身近な食材です。ナッツとドライフルーツを合わせて、美肌にいいミッパンチャンを考えました。材料は家にあるもので構いません。おやつにも、酒のつまみにもなり、お弁当にも役立ちます。

材料（作りやすい分量）

A ┌ カシューナッツ、アーモンド、くるみ……各60g
　 │ ひまわりの種、かぼちゃの種、なつめ……各30g
　 └ くこの実……20g
B ┌ 万能しょうゆ（p6参照）……大さじ4
　 │ （またはしょうゆ大さじ3、砂糖大さじ2）
　 └ 水あめ……大さじ1（またははちみつ小さじ2）

作り方

1 なつめは種を除き、4等分に切る。
2 フライパンに**B**を入れて煮立て、**A**を加えて弱火で5分ほど煮からめる。
＊冷蔵庫で2週間保存が可能。

大豆のしょうゆ煮

대두콩조림 ◆デドゥコン・ジョリム

甘くしない煮豆です。韓国では固めに煮て歯触りを楽しみますが、好みでやわらかく煮てもいいでしょう。大豆や黒豆で作ることが多いですが、ほかに青大豆などで作ってもおいしいので、豆の種類を変えて味の違いをお楽しみください。

材料（作りやすい分量）

大豆（乾燥）……1カップ
いりごま（黒）……大さじ1
A ┌ しょうゆ……60㎖
　 │ 砂糖……40g
　 └ 水あめ……大さじ1（またははちみつ小さじ2）

作り方

1 大豆は一晩水につけて、もどす。
2 **1**の水をきって鍋に入れ、水3カップを加えて強火にかける。煮立ったら弱火にして大豆がやわらかくなるまで煮る。
3 **A**を加え、つやが出て汁気がなくなるまで煮からめる。火を止めて、ごまを混ぜる。
＊冷蔵庫で1週間保存が可能。

牛挽きののし焼き

장산적 ◆ジャン・サンジョク

宮廷料理の流れをくんだ、手をかけた料理です。味つけした牛挽き肉を薄くのばして焼いた料理を、さらに日持ちをさせるために、しょうゆ味で煮ます。網で焼くときに、下に敷いたアルミ箔の縁を高くしておくと肉汁が落ちません。

材料（作りやすい分量）

牛挽き肉……300g

A
- 万能しょうゆ（p6参照）……大さじ4
  （またはしょうゆ大さじ2、砂糖大さじ1）
- 長ねぎ（みじん切り）……大さじ2
- おろしにんにく……小さじ1
- こしょう……少々
- ごま油……大さじ1

B
- だし汁……¼カップ
- 万能しょうゆ（p6参照）……大さじ2
  （またはしょうゆ大さじ1、砂糖大さじ½）
- 水あめ……大さじ1（またははちみつ小さじ2）
- 唐辛子酢（p7参照。または酢）……小さじ2

油……少々

松の実（刻む）……大さじ1

作り方

1 牛挽き肉に**A**を加えて、手で粘りが出るまでよく混ぜる。

2 アルミ箔に油を塗り、**1**をのせて7㎜厚さに四角くのばす。焼き網の上にのせて、包丁で表面全体を縦横に軽くたたいて筋をつける。

3 アルミ箔の縁を持ち上げて、肉汁が落ちないようにし、弱めの中火で牛肉に火が通るまで焼く。火からおろし、冷めたら、2×3㎝の大きさに切る。

4 鍋に**B**と**3**を入れ、弱めの中火で汁気がなくなるまで煮詰める。火を止めて松の実を散らす。

＊冷蔵庫で5日間保存が可能。

四角く広げた牛肉の表面に包丁で縦と横に筋をつける。

厚揚げの肉詰め

튀김두부소박이조림 ◆ティキム・ドゥブ・ソバギ・ジョリム

豆腐でも作りますが、厚揚げを使うと水きりする必要もなく、煮崩れないので手軽です。合い挽き肉を使いましたが、挽き肉は豚でも鶏でも構いません。厚揚げの中身をくり抜く分量は、バランスをみて決めてください。

厚揚げをくり抜いたところに、下味をつけた合い挽き肉を詰める。

材料（作りやすい分量）

厚揚げ……小2枚
合い挽き肉……30g

A
- しょうゆ……大さじ2
- 砂糖……大さじ1
- 長ねぎ（みじん切り）……大さじ2
- おろしにんにく……小さじ1
- こしょう……少々
- ごま油……小さじ1

だし汁……¼カップ

作り方

1 厚揚げは4等分に切り、真ん中をスプーンでくり抜く。

2 挽き肉と**1**のくり抜いた豆腐を混ぜ合わせ、合わせた**A**の半量を加えて調味する。

3 **1**に**2**を等分に詰めて鍋に並べる。残りの**A**とだし汁を加え、弱めの中火で汁気がなくなるまで煮詰める。

＊冷蔵庫で5日間保存が可能。

明太子入り卵焼き

명란계란말이 ◆ミョンラン・ゲラン・マリ

母がお弁当によく入れてくれた思い出のミッパンチャンです。栄養バランスを考えていろいろな具を入れた卵焼きを作ってくれましたが、私はこの明太子入りが大好きでした。ねぎの代わりににらを入れてもいいでしょう。

材料（4人分）

辛子明太子……1腹
卵……4個
万能ねぎ……2本
ごま油……大さじ½

作り方

1 明太子は薄皮から取り出す。万能ねぎは小口切りにする。

2 ボウルに卵を溶き、**1**を加えて混ぜる。

3 フライパンにごま油を熱して**2**を流し入れ、厚焼き卵の要領で焼いて巻く。粗熱がとれたら、食べやすい大きさに切る。

＊冷蔵庫で約3日間保存が可能。

のりのしょうゆ漬け

김장아찌 ◆キム・ジャンアチ

湿気てしまった焼きのりを使ってもできるので、料理教室の生徒さんに大変喜ばれるミッパンチャンです。何枚も重ねて漬けるので、1枚ずつはがしていただきます。私はまとめて作りますが、分量を⅓や½に減らして作ってもいいでしょう。

材料（作りやすい分量）

焼きのり……30枚
いりごま（白）……大さじ1
A ┌ にんにく（薄切り）……5片
　│ しょうゆ……½カップ
　│ 水……⅓カップ
　└ 水あめ……½カップ（またははちみつ大さじ4）

作り方

1 焼きのりを16等分し、保存容器に入れて約30枚ごとに間にごまをひとつまみのせて重ねる。

2 鍋に**A**を入れて⅔量になるまで煮詰め、**1**に注ぎ、上からのりを手で押さえて浸透させる。1時間後ぐらいから味がなじむ。

＊冷蔵庫で約2週間、冷凍で約2か月間保存が可能。

万能ねぎののりあえ

김파무침 ◆キム・パ・ムチム

万能ねぎのほかに、香りのいいせりや三つ葉、春菊などを使うのがおすすめです。韓国の焼きのりを使うとさらに風味よく仕上がります。

材料（作りやすい分量）

万能ねぎ……1束
焼きのり……2枚
A ┌ しょうゆ、昆布だし……各小さじ1
　│ 粉唐辛子（中挽き）……小さじ½
　└ いりごま（白）、ごま油……各小さじ1

作り方

1 万能ねぎはさっとゆでて5㎝長さに切る。焼きのりは小さくちぎる。

2 **A**の材料を混ぜ合わせ、**1**を入れてあえる。

＊冷蔵庫で約3日間保存が可能。

明太子のねぎあえ

명란파무침 ◆ミョンラン・パ・ムチム

子どものころは家にいつも自家製の明太子があり、焼いて食べたり、チゲに入れて食べていました。材料をすべてあえてもいいのですが、見た目がきれいなので、食べるときにあえるのがわが家流です。あたたかいご飯にどうぞ。

材料（作りやすい分量）

辛子明太子……2腹
長ねぎ（みじん切り）……大さじ2
ごま油……小さじ1

作り方

明太子は2㎝幅に切り、器に盛る。長ねぎをのせて、ごま油をかける。

＊冷蔵庫で約3日間、冷凍で約1か月間保存が可能。

チョンさんの季節の手仕事

東京のマンションにお住まいのチョンさんですが、旬の食材を使ったミッパンチャンや調味料作りは、一年を通して欠かさずに続けている大切な手仕事です。韓国みそを作るときは、発酵を見守るためにできるだけ外出を控えるというほど、おいしいものを作ることに手間を惜しみません。日々の食卓を豊かにするための台所仕事をご紹介します。

春

芽吹きの季節。
大地のエネルギーを蓄えた食材を
あますところなくいただきます。

のびるを摘んでキムチ作り

　のびるは春の香りが楽しめる山菜です。さっとゆでてから冷凍したり、キムチを作っておくと保存がきいて一年中食べられます。チゲに入れたり、調味だれのヤンニョムジャンに刻んで入れたり。のり巻きに入れると、春の香りが体を目覚めさせてくれるのを感じます。高菜も春に漬けて一年中食べます。

　小ぶりの大根を漬けたトンチミは、韓国では冬（トン）に作る水キムチです。本来はチョンガッという、かぶを細くしたような水分の少ない小ぶりの葉つき大根を使いますが、春先に日本でトンチミ用の大根に似た辛み大根をみつけたので作りました。大根の辛みが抜けておいしくなります。乳酸菌が豊富なトンチミの汁は冷めんの汁としても使います。

上から、高菜のキムチ、辛み大根の水キムチ、のびるのキムチ。

よもぎを摘んで茶葉作り

　自宅からそう遠くない私のとっておきの場所には、都心にもかかわらず春になるとよもぎ、ふき、のびるが芽吹きます。よもぎは新芽を摘んでさっとゆがき、よくしぼって紙を敷いたざるに広げて乾燥させるとよもぎ茶が1日でできます。かわいい陶器の壺に入れていつもテーブルの上に置いています。お湯を沸かしてちょっと冷まして注ぐとよもぎの葉が開いて、その香りが体をなごませてくれます。料理教室の生徒さんたちを連れてよもぎを摘みに行ったら、皆さんすぐによもぎ茶を作っていました。それからは道を歩くとよもぎが見分けられるようになったと喜ばれました。

毎年欠かさずに作っている柿の葉茶（上）とよもぎ茶（下）。

柿の葉茶作り

柿の葉は4月初旬のものがもっとも栄養成分が多いといわれ、渋みも少ないので、この時期に葉を摘んで柿の葉茶を作ります。きれいに洗って水気をきった柿の葉を、フライパンで1分ほどいってから、まな板にのせてもみます。これを数回繰り返し、水分が抜ければでき上がり。でき上がった柿の茶葉を2gほど茶器に入れ、お湯を注ぎ、2分ほど蒸らしてから飲みます。丁寧に作った茶葉はビタミンCも豊富で、独特な味と香りが楽しめます。

みそ作り

韓国みそには、テンジャンとマッジャンがあります。テンジャンは、冬の初めに大豆をゆでて臼で粗くすりつぶし、四角く固めてから天日に干したメジュ（みそ玉）を、塩水に入れて天日干ししながら発酵させると、上澄みがしょうゆになり、沈殿したメジュがみそになります。私が作るのはマッジャンで、粉にしたメジュと麦ご飯、粉唐辛子、塩、焼酎、唐辛子の種を混ぜてかめに入れて塩をふり、木綿の布をかぶせて10日間発酵させてから冷蔵庫に入れます。カビができないように塩をかぶせて天日干ししながら発酵させるので、日本では梅雨入りの前、春から初夏にかけて作ります。このときはなるべく出かけないでみその発酵を見守ります。発酵が進んだみそはおいしい香りに変わります。

炊いた麦ご飯を加えて作るマッジャン。そのままサムジャンにも使えます。

▲元気に成長したえごまの葉を収穫するのは、夏の朝の楽しみ。

▶収穫したてのやわらかい若葉。

夏

えごまの葉や青梅で
作ったミッパンチャンは、
夏バテ防止の強い味方です。

えごまの葉を栽培

えごまの葉は、韓国料理に欠かせない野菜です。青じそと同じシソ科の一年草ですが、薬味というよりは野菜として、漬けものや炒めものなど、いろいろな料理に使います。日本でも最近は手に入るようになりましたが、私はマンションの花壇の一角を利用して無農薬で育てています。初夏に若葉を摘んで薬味に使ったり、成長した葉はしょうゆ漬けにしたり、チヂミや鍋に入れて楽しみます。夏が終わるころには種のできたところを残して、やわらかい茎も一緒にゆでて炒めナムルにします。

梅エキス作り

体の代謝に重要な役割をもつ酵素の働きは歳とともに減少するので、それを補うために私は春の山菜や初夏の青梅で酵素を作ります。青梅の実の種をはずして1.1倍の砂糖をまぶし、きれいな手で毎日かき混ぜながら100日間発酵させたあと、漉してエキスと梅の実に分けて保存しながら使います。梅エキスは砂糖の代わりに料理に使います。おなかの調子が悪いときは特に助かります。実は疲れたときに食べたり、コチュジャンをまぶしたり、みそに漬けておかずにします。

新にんにくをおろしにんにくに

韓国では夏に1年分のにんにくをまとめ買いし、壁に吊るして干しながら使います。湿度の高い日本では、フードプロセッサーにかけてすりつぶし、それを薄い板状にして冷凍庫に保存して使います。

秋

収穫の秋。
採れたての食材で1年分の
調味料や保存食を作ります。

赤唐辛子を挽く

秋は赤唐辛子の収穫の季節。韓国に帰ったときに、天日干しした質のよいものを市場で購入し、種を取り、中挽きや細挽き（粉末）にします。キムチをはじめほとんどの料理に中挽きを使い、粉末はコチュジャンを作るのに使います。乾燥させた赤唐辛子もそのまま料理に使いますが、キムチには水でふやかしてからミキサーにかけると、生の唐辛子を入れたような新鮮な味になります。保存袋に入れて冷凍すると新鮮なまま1年を通して使えます。

コチュジャン作り

韓国ではこの時期に収穫したての赤唐辛子でコチュジャンを作ります。本格的なコチュジャンを作るのは日本の気候では難しいので、私は発酵させずに作る簡単な方法で作っています（p95参照）。

梅エキスをとったあとの青梅も無駄なくいただきます。

新にんにくはペーストにして冷凍保存。

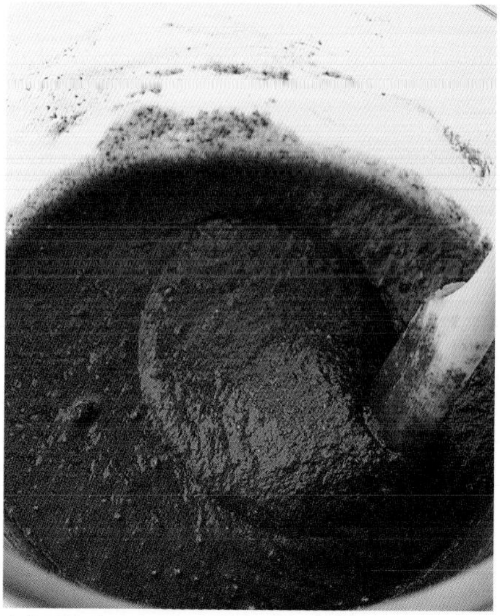

唐辛子選びからこだわって作るコチュジャン。

1年中欠かさずに常備している白菜キムチ。

ゆず漬けとかりん漬け

11月下旬になるとやさしい香りのゆずとかりんが出回ります。無農薬のものを求めて、皮ごと刻んで砂糖に漬けます。どちらもビタミンCが豊富で、お湯を注いでゆず茶やかりん茶にして冬中飲みます。ほっとするおいしさで、風邪の予防になる、わが家の大事な保存食です。

ゆず漬けは、料理や韓菓子にもよく使うので、欠かしたことはありません。市販のものは火を通してあるので、ビタミンCも少なく、香りもかなり違います。ゆず漬けの作り方は、ゆずを皮ごと塩かベーキングパウダーでもんできれいに洗い、水気をきって半分に切り、しぼり器で果汁をしぼり、種を除きます。皮は細くせん切りにして同量の砂糖のうち¾量をまぶし、煮沸消毒した保存びんに入れ、果汁を注ぎ、残りの砂糖をかぶせます。かりんもベーキングパウダーでもんで皮をきれいに洗い、水気をきって皮ごと4等分に切り、薄切りにします。同量の砂糖のうち¾量をまぶし、煮沸消毒した保存びんに入れ、残りの砂糖をかぶせます。どちらも砂糖が溶けてなじんできたら食べごろで、ゆずは10日ほど、かりんは1か月が目安です。冷蔵庫で保存し、雑菌が入らないように取り出すときは、きれいなスプーンを使います。

冬

いよいよキムジャンの季節。
冬のビタミン補給に役立てます。

干し柿作り

韓国ではドライフルーツを料理やお菓子、お茶によく使います。その代表が干しなつめと干し柿です。干し柿には枝つきの柿を使うので、毎年奥多摩の直売所まで買いに出かけます。皮をむいた柿のへたに糸を結び、ベランダに吊るして乾かします。干し柿を入れた伝統茶のスジョンガ（水正果）は、お正月に欠かせない飲みものです。

干し柿を作るときにむいた皮も、干して乾燥させます。柿の葉茶を飲むときに加えると甘みが増しておいしくなります。柿を食べるときに出た皮も乾燥させて、ミルで挽いて粉にします。砂糖の代わりにお餅に入れると、甘みが出て、色もきれいに仕上がります。

キムチ作り

韓国では冬の一番大きい行事がキムジャン（キムチ作り）です。キムジャンのためのにんにく、粉唐辛子、塩辛などはあらかじめ準備をすませ、白菜、大根、せりなどの生野菜の準備をし、容器を洗い、塩に漬け、洗って水をきり、ヤンニョムの準備をしてから、いよいよキムチ作りに入るので、大変な作業です。私は日本では一度に大量に作ることはしないで、発酵の時間や冷蔵庫で寝かせる時間を考慮して、食べ切る前に次の分を作っておきます。

キムチに向く白菜は、小ぶりで茎が厚くないもの。外葉は濃い緑色をしたものが栄養豊富です。日本でおいしそうな白菜を見つけたらキムチを作り、友人やお世話になっている方にさし上げています。

白菜以外にも、小松菜、からし菜、大根、ねぎ、干し大根のキムチや、トンチミ（小ぶりの大根の水キムチ）などを手作りし、冬中楽しみます。

2

旬の野菜で 常備菜《ミッパンチャン》

旬の素材でミッパンチャンを作るのは、韓国のオモニにとってごく当たり前のこと。太陽の光を浴び、風にあたり、土の養分を吸って育った野菜で作るミッパンチャンは、ビタミンやミネラルなどの天然の栄養素に加え、季節の気も一緒に食すことができます。

ナムル

나물

ナムルは毎日の食卓に欠かせない料理のひとつです。春の山菜をはじめ、旬の野菜のナムルを2～3種類並べれば、食卓に季節感を出すことができ、野菜不足の心配もありません。野菜によって、ゆでる、炒める、蒸し煮などの下ごしらえをして、にんにくや粉唐辛子で味つけに変化をつけるのがポイントです。ナムルがあれば、ピビンパプもすぐに作れます。

ズッキーニナムル

호박나물 ◆ホバッ・ナムル

材料（作りやすい分量）

ズッキーニ（または韓国かぼちゃ）……1本（約200g）

A
- アミの塩辛……大さじ1
- 長ねぎ（みじん切り）……大さじ2
- おろしにんにく……小さじ1
- いりごま（白）……小さじ1
- 粉唐辛子（中挽き）……小さじ½

ごま油……大さじ½

作り方

1 ズッキーニは薄い半月切りにする。

2 フライパンにごま油を熱して1を炒め、Aを加えてさらに炒める。

＊冷蔵庫で約3日間保存が可能。

白菜ナムル

배추나물 ◆ベチュ・ナムル

材料（作りやすい分量）

白菜…… ¼株

A
- 長ねぎ（みじん切り）……大さじ3
- おろしにんにく……大さじ1
- いりごま（白）、ごま油……各大さじ1
- 塩……少々

作り方

1 白菜は縦に1㎝幅に手で裂き、10㎝長さに切る。

2 鍋に1とAを入れて弱めの中火で5分ほど炒め、ふたをして3分ほど蒸し煮にする。

＊冷蔵庫で約3日間保存が可能。

なすナムル

가지나물 ◆ガジ・ナムル

材料（作りやすい分量）

なす……2個

A
- 長ねぎ（みじん切り）……大さじ2
- おろしにんにく……小さじ1
- いりごま（白）……小さじ1
- 塩……少々

ごま油……大さじ½

作り方

1 なすは縦半分に切ってから斜め薄切りにし、Aであえる。

2 フライパンにごま油と1を入れ、弱めの中火でなすがしんなりするまで炒める。

＊冷蔵庫で約3日間保存が可能。

大豆もやしナムル

콩나물 ◆コン・ナムル

材料（作りやすい分量）

大豆もやし……1袋

A
- 長ねぎ（みじん切り）……大さじ3
- おろしにんにく……小さじ1
- いりごま（白）……小さじ1
- ごま油……大さじ½
- 塩……少々

作り方

1 鍋に水½カップと大豆もやしを入れ、ふたをして弱めの中火で5分ほど蒸し煮する。

2 1にAを加えてあえる。

＊冷蔵庫で約3日間保存が可能。

ほうれん草ナムル

시금치나물 ◆シグムチ・ナムル

材料（作りやすい分量）

ほうれん草……1わ

A
- 長ねぎ（みじん切り）……大さじ2
- おろしにんにく……小さじ1
- いりごま（白）、ごま油……各大さじ1
- しょうゆ……小さじ1
- 塩……少々

作り方

1 鍋に少なめの湯を沸かし、ほうれん草をゆで、ざるに上げて粗熱をとる。水気をしぼり、5～6㎝長さに切る。

2 1をAであえる。

＊冷蔵庫で約3日間保存が可能。

しし唐のみそあえ、万願寺のみそあえ

풋고추된장무침 ◆プッゴチュ・デンジャン・ムチム

ヤンニョムみそにごま油を混ぜて、野菜にまぶしたムチムと呼ばれるあえものです。韓国では辛い青唐辛子で作ります。作りたてをパリパリと味わうもよし、時間がたってしんなりしたのもおいしい。

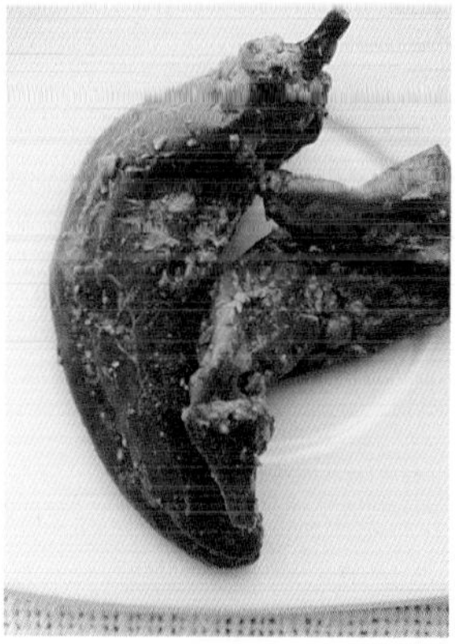

10日ほどおいて塩気がなじんだ
万願寺唐辛子。

材料（作りやすい分量）

しし唐…… ½パック（万願寺唐辛子の場合は５本）

A［ヤンニョムみそ（p7参照）……大さじ３
　 ごま油……小さじ１

作り方

1 **A**を混ぜ合わせ、しし唐（または万願寺唐辛子）にまぶす。

＊冷蔵庫で約10日間保存が可能。

蒸し野菜とサムジャン

찜야채와쌈장 ◆チムヤチェ・ワ・サムジャン

サムジャンは肉などを葉っぱで包んで食べるときにつける合わせみそですが、ディップ感覚で、蒸し野菜につけて食べるのもおすすめ。コチュジャン肉みそや塩を添えて、パーティー料理にも。野菜を蒸すときは、固い野菜を下に、火の通りやすい野菜を上にします。

材料（作りやすい分量）

ブロッコリー、れんこん、長いも、にんじん、グリーンアスパラガス……各適量

サムジャン

- ヤンニョムみそ（p7参照）……大さじ3
- ごま油……小さじ1

コチュジャン肉みそ（p67参照）、塩……各適量

作り方

1 野菜は食べやすい大きさに切る。蒸気の上がった蒸し器に入れて約3分蒸す。

2 サムジャンを作る。ヤンニョムみそとごま油を混ぜる。

3 **1**を器に盛り、好みで**2**、コチュジャン肉みそ、塩をつけていただく。

＊サムジャンは冷蔵庫で約10日間保存が可能。

にられんこんジョン

부추연근전 ◆ ブチュ・ヨングン・ジョン

ころもに刻んだにらを混ぜた、れんこんの食感とにらの香りが楽しめるジョンです。塩味をつけているので、たれはつけずにそのままどうぞ。

材料（4人分）

れんこん…… 5 ㎝（約150g）
にら…… 5本
A
- 小麦粉…… 80g
- 水…… 120 ㎖
- 塩……少々

油……適量

作り方

1 にらは5㎜長さのざく切りにし、れんこんは皮をむいて3㎜厚さの輪切りにする。
2 ボウルに**A**を混ぜ合わせ、にらを加えて混ぜる。
3 フライパンに油を熱し、**2**にくぐらせたれんこんを入れ、弱めの中火で両面を焼く。
＊冷蔵庫で約3日間保存が可能。

えごまの葉ジョン

깻잎전 ◆ケンニップ・ジョン

おもてなしによく作る伝統的なジョンです。合い挽き肉を挟んで焼くので、お弁当のおかずにもなります。えごまの葉の色がきれいに見えるように、小麦粉は薄くつけます。

葉の縦半分に合い挽き肉を薄く広げて、半分にたたむ。

材料（3～4人分）

えごまの葉……10枚

合い挽き肉……70g

A
- 長ねぎ（みじん切り）……大さじ1
- おろしにんにく……小さじ½
- しょうゆ……大さじ1
- こしょう……少々
- ごま油……小さじ1

小麦粉、溶き卵……各適量

油……適量

作り方

1 合い挽き肉は**A**を加えてもみ、下味をつける。

2 えごまの葉の表面に小麦粉を薄くまぶし、**1**を等分に縦半分に薄く広げ、半分にたたむ。

3 **2**に小麦粉、溶き卵を順につけ、フライパンに油を熱して、弱めの中火で両面を焼く。

＊冷蔵庫で約3日間保存が可能。

コチュジャン味のジョン

고추장떡 ◆ コチュジャントッ

韓国名はコチュジャントッといいます。トッとは餅のことで、モチモチとした食感になるのでこう呼ばれています。辛いのがお好みなら、みその代わりにコチュジャンの量を増やすか、辛い青唐辛子を入れてもいいでしょう。

材料（4枚分）

にら……½束

しし唐……½パック

A
- 小麦粉……150g
- 水……240㎖
- コチュジャン……大さじ2
- みそ……大さじ1

油……適量

作り方

1 しし唐は小口切りにする。にらは7～8㎜長さに切る。

2 ボウルに**A**を混ぜ合わせ、**1**を加えて混ぜる。

3 フライパンに油少々を熱し、**2**の¼量を入れて広げ、フライ返しで押さえつけながら弱めの中火でじっくり両面を焼く。油が足りないときは、少し足しながら焼く。残りも同様に焼く。

＊冷蔵庫で約3日間保存が可能。

しいたけのヤンニョム焼き

표고양념구이 ◆ピョゴ・ヤンニョム・グイ

お寺の精進料理で食べられている料理です。干ししいたけは、ポリ袋に少量の水（しいたけが半量ひたるくらい）を入れて空気を抜き、2時間ほどもどすと、しいたけがふくらみすぎず、味が逃げずにおいしくもどります。生しいたけでも作れますが、干ししいたけの方が日持ちがします。

両面焼いてから、笠の内側にヤンニョムコチュジャンを塗り、さらに焼く。

材料（4人分）

干ししいたけ……8個

A
- ヤンニョムコチュジャン（p6参照）……大さじ2
- 長ねぎ（みじん切り）……大さじ2
- ごま油……小さじ1

片栗粉、油……各適量

作り方

1 干ししいたけは水でもどして水気をしぼる。笠の内側に片栗粉を薄くまぶす。

2 フライパンに油少々を熱し、**1**の両面を弱めの中火で焼き、混ぜ合わせた**A**を笠の内側に塗り、裏に返して油少々を足してさっと焼く。

＊冷蔵庫で約3日間保存が可能。

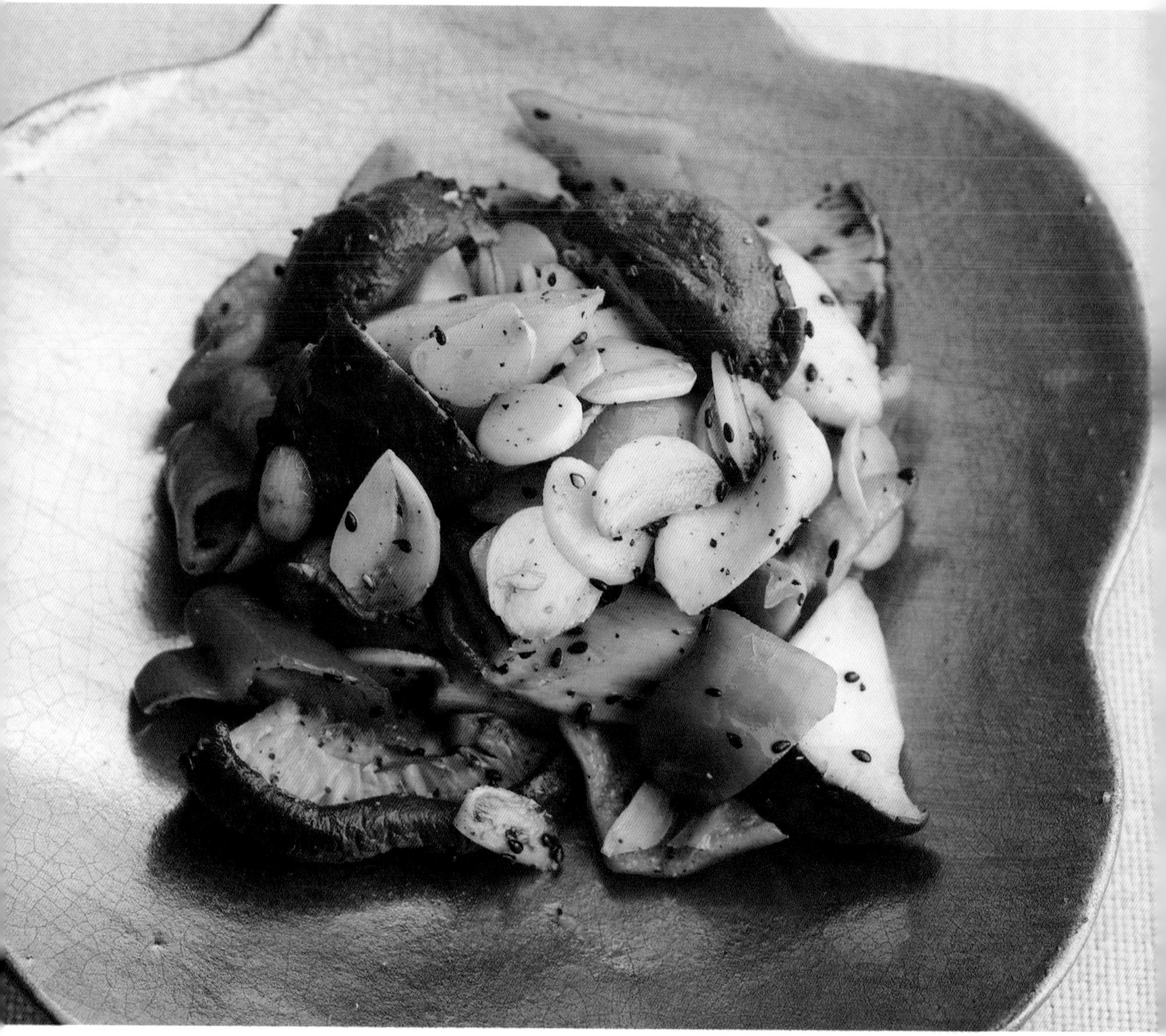

きのこのにんにく炒め

버섯마늘볶음 ◆ ボソッ・マヌル・ボクム

にんにくは風味づけではなく、素材のひとつとしてたっぷり使います。きのこはぬめりがないものであれば何でも構いません。2～3種類合わせて食感の違いを楽しんでください。

材料（4人分）

エリンギ、しいたけ……各1パック
ピーマン……2個
にんにく……5片

A
- しょうゆ……大さじ1
- 砂糖……大さじ1/2
- しょうがのしぼり汁……大さじ1
- いりごま（黒）……小さじ1
- 塩、こしょう……各少々

ごま油……大さじ1

作り方

1 エリンギ、しいたけ、ピーマンはひと口大の乱切りにする。にんにくは薄切りにする。

2 フライパンにごま油を熱して**1**を炒め、**A**を加えて中火で炒める。

＊冷蔵庫で約3日間保存が可能。

えごまの葉炒め

깻잎볶음 ◆ケンニップ・ボクム

えごまはキムチ以外にも、炒めものにして食べます。できればやわらかい新芽を使い、茎ごと炒めます。少し多めのごま油で炒めるのがコツです。えごま特有の香りとごま油の風味がよく合います。

材料（4人分）

えごまの葉……20枚

A
- しょうゆ……大さじ½
- 水……大さじ2
- にんにく（みじん切り）……小さじ1

ごま油……大さじ1

作り方

1 えごまの葉はさっとゆで、手でちぎる。

2 鍋にごま油を熱して**1**を炒め、香りが立ったら**A**を加えて弱火でゆっくり炒める。

＊冷蔵庫で約3日間保存が可能。

新じゃがの煮もの

햇감자조림 ◆ヘッガムジャ・ジョリム

コチュジャンで辛みをつけ、水あめでつやよく仕上げるのがポイントです。小ぶりの新じゃがを使い、皮ごといただきます。子どもが小さいころは、おやつによく作りました。栄養を考えてカシューナッツを入れましたが、ピーナッツやアーモンドなど、好みのナッツを使ってください。

材料（4人分）

新じゃがいも……500g

カシューナッツ……50g

いりごま（白）……大さじ½

A
- 万能しょうゆ（p6参照）……大さじ4（またはしょうゆ大さじ2、砂糖大さじ1）
- 水……½カップ
- コチュジャン……大さじ1
- 水あめ……大さじ3（またははちみつ大さじ2）

油……大さじ2

作り方

1 深めのフライパンに油を熱してじゃがいもを入れ、中火で5分ほど炒める。ふたをしてじゃがいもがやわらかくなるまでときどき混ぜながら弱めの中火で蒸らし炒めする。

2 混ぜ合わせたAを1に加えて混ぜ、カシューナッツを加えて汁気がなくなるまで煮詰めて、仕上げにごまをふる。

＊冷蔵庫で約3日間保存が可能。

いんげんと厚揚げの煮もの

껍질콩튀김두부조림 ◆ コップチルコン・ティギム・ドゥブ・ジョリム

厚揚げは水きりがいらず、煮崩れしにくいので、煮ものに向いています。野菜はいんげんのほかに、きのこ、セロリ、ピーマン、たけのこなども合うので、いろいろな組み合わせをお試しください。

材料（4人分）

いんげん……6本
厚揚げ……1枚
A
- 万能しょうゆ（p6参照）……大さじ4
  （またはしょうゆ大さじ2、砂糖大さじ1）
- おろしにんにく……小さじ1
- 粉唐辛子（中挽き）……小さじ1
- いりごま（白）……小さじ1

油……大さじ½

作り方

1 厚揚げはひと口大に切る。いんげんは3等分の長さの斜め切りにする。

2 フライパンに油を熱して、**1** を中火で3分ほど炒める。弱火にして混ぜ合わせた**A**を加えて煮からめる。

＊冷蔵庫で約3日間保存が可能。

なすのみそ煮

가지된장조림 ◆ガジ・デンジャン・ジョリム

味つけはヤンニョムみそだけでいいので、作り方はとても簡単です。なすは水分が多いので、塩をふって水分を出すのがおいしく仕上げるコツです。半干しのなすで作ることもあり、その場合は塩もみする必要はなく、歯ごたえが出て日持ちもします。

材料（4人分）
なす……３個
塩……小さじ$\frac{1}{3}$
赤唐辛子（半分に切る）……１本
いりごま（白）……小さじ1
ヤンニョムみそ（p7参照）……大さじ３
ごま油……小さじ1

作り方

1 なすはへたを取り、縦に１cm厚さに切ってから１cm幅に細く切る。塩をふって手で軽く全体になじませ、30分ほどおき、水気を軽くしぼる。

2 鍋にごま油を熱して**1**を弱めの中火で炒め、しんなりしたらヤンニョムみそと赤唐辛子を加え、なすから出た水分をとばすようにして煮詰め、仕上げにごまをふる。

＊冷蔵庫で約３日間保存が可能。

ごぼうとエリンギのしょうゆ煮

우엉새송이버섯장조림

◆ウオン・セソンイボソッ・ジャンジョリム

エリンギの食感はまるでお肉のようで、牛肉のしょうゆ煮（p8）を思わせます。唐辛子酢を加えて酸味をきかせると、味がしまりおいしくなります。エリンギは縦半分に切って漬けて、食べるときに手で細く裂きます。

材料（作りやすい分量）

ごぼう……200g

エリンギ……200g

A
- 万能しょうゆ（p6参照）……½カップ（またはしょうゆ50㎖、砂糖大さじ2）
- にんにく……5片
- だし汁……½カップ
- 唐辛子酢（p7参照。または酢）……大さじ1
- 黒粒こしょう……小さじ½

ごま油……大さじ1

作り方

1 ごぼうは5㎝長さの4つ割りにする。エリンギは縦半分に切る。

2 鍋にごま油を熱してごぼうを炒め、合わせたAを加え、ふたをしてごぼうがやわらかくなるまで中火で煮る。エリンギを加え、ふたをして煮汁が⅓量になるまで煮詰める。

3 保存容器に2を入れる。食べるときにエリンギは手で細く裂く。

＊冷蔵庫で約5日間保存が可能。

野菜のみそ煮込み

강된장◆カン・デンジャン

みそ味のラタトゥイユのようなもので、肉は入れず、何種類もの野菜を入れた煮込みです。韓国では、ご飯にこのカン・デンジャンをのせて、サンチュで包んで食べることもあります。

材料（4人分）

A［じゃがいも……150g
　 玉ねぎ、にんじん、ズッキーニ、なす……各100g

長ねぎ……½本
青唐辛子……２本
みそ……大さじ5
おろしにんにく……小さじ2
いりこ（中）……8尾
だし汁……２カップ
粉唐辛子（中挽き）……小さじ1
ごま油……大さじ1

作り方

1 **A**の野菜は１㎝角に切る。長ねぎと青唐辛子は小口切りにする。いりこは頭と内臓を除く。

2 鍋にごま油を熱して**1**の野菜を5分ほど炒め、みそ、おろしにんにく、いりこを加えてさらに2分ほど炒める。

3 **2**にだし汁、粉唐辛子を加えて、煮汁が半量になるまで煮る。

＊冷蔵庫で約３日間保存が可能。

ごぼうのたれ焼き

우잉양념구이 ◆ウオン・ヤンニョム・グイ

韓国では生のつるにんじんで作りますが、日本では手に入らないので、代わりにごぼうで作っています。ごぼうの場合は、蒸してからたたくことで繊維がやわらかくなり、風味が引き立ちます。

ごぼうは蒸してから、めん棒でたたいて繊維をやわらかくする。

材料（作りやすい分量）

ごぼう……200g

A
- ヤンニョムコチュジャン（p6参照）……大さじ2
- 長ねぎ（みじん切り）……大さじ2
- ごま油……大さじ1

油……適量

作り方

1 ごぼうは6㎝長さの縦半分に切り、蒸気の上がった蒸し器で5分ほど蒸す。

2 めん棒でやさしくたたき、混ぜ合わせた**A**を両面に塗る。

3 フライパンに油少々を熱し、弱めの中火で**2**の両面を焼く。

＊冷蔵庫で約5日間保存が可能。

干し野菜

韓国では昔から野菜を干して、生野菜と同じようにいろいろな料理に使います。干すことで保存がきくだけでなく、野菜の旨味が凝縮されて栄養も増し、歯ごたえもよくなると、いいことづくめです。

私が子どものころは、キムジャン（キムチ作り）のあとは必ず残った大根で切り干し大根を作ったものです。小さく切った大根に木綿糸を通し、日が当たる風通しのいい場所に吊るして乾燥させます。野菜の少ない冬の間は、干し野菜を使っておかずを作っていました。

韓国では陰暦の1月15日にあたる最初の満月を祝う行事「テボルム」に、一年の豊作や無病息災を願って、五穀ご飯と9種類の干し野菜のナムルを近所の人と分け合って食べる風習があります。使う野菜は、韓国かぼちゃ、なす、きのこ、ぜんまい、わらび、トラジ（ききょうの根）、大根葉、里芋の茎（ずいき）、さつまいもの茎、唐辛子葉など。テボルムが近づくと、町中の露店で干し野菜をゆでる風景を見かけるようになります。

生野菜を漬けものにするように、韓国では干し野菜も漬けものにします。私が作りおきしているのは干し野菜のしょうゆ漬けです（p46参照）。そのままご飯のおかずにもなり、刻んで薬味にしたり、炒めものなどに応用できるので、干し野菜を作ったらひとびん作っておくと便利です。

息子も独立し、今は夫と2人暮らしですが、干し野菜を作るのが習慣になっているので、白菜は1株、大根は大きいものを1本丸ごと買ってきます。干し野菜があれば買いものに行かなくてもナムルや炒めもの、スープや鍋を作ることができるうえ、味も格別です。

干し野菜の作り方

材料

野菜（大根、大根葉、なす、白菜、ズッキーニなど）
適量

切り方

大根は、輪切りか太さ1cm長さ4cmの拍子木切り。なすはへたを取って縦に1cm厚さに切る。白菜は1枚ずつはがす。ズッキーニは5mm厚さの輪切り。

下準備

大根葉は、長いままさっと熱湯にくぐらせて水気を軽くしぼる（ゆでないと葉が黄色く変色するため）。

干し方

盆ざるなどに重ならないようにのせ、日当たりと風通しのよい場所に置き、ときどき天地を返してむらなく日に当てる。水分が適度に残った少しやわらかい「半干し」がおすすめ。干し加減は好みだが、すぐに使うものは半干しで十分。完全に干すには時間もかかるうえ、ゆでてもどす必要がある。

保存

ジッパーつきの保存袋に入れて、冷蔵庫で約1週間保存が可能。半干しの場合、冷凍には適しません。大根葉のみ、半干しで約半年間冷凍可能。

干し野菜のナムル　마른야채나물 ◆ マルンヤチェ・ナムル

干しズッキーニのナムル

材料（4人分）

干しズッキーニ100g　だし汁⅓カップ　A〈長ねぎ（みじん切り）大さじ2　おろしにんにく小さじ1　いりごま（白）小さじ1　しょうゆ大さじ1　塩小さじ⅕　ごま油大さじ1〉

作り方

1 干しズッキーニは水でさっと洗い、水気をしぼる。

2 鍋に**1**と**A**を入れて中火で炒め、だし汁を加えて水分が少なくなるまで炒め煮する。

＊冷蔵庫で約3日間保存が可能。

干し大根葉のナムル

材料（4人分）

干し大根葉100g　だし汁⅓カップ　A〈長ねぎ（みじん切り）大さじ2　おろしにんにく小さじ1　しょうゆ大さじ2　ごま油大さじ1〉

作り方

1 干し大根葉は、水につけてやわらかくもどし、（固い場合はゆでる）、水気をしぼり5cm長さに切る。

2 鍋に**1**と**A**を入れて中火で炒め、だし汁を加えて水分が少なくなるまで炒め煮する。

＊冷蔵庫で約3日間保存が可能。

干し白菜のナムル

材料（4人分）

干し白菜100g　だし汁⅓カップ　A〈長ねぎ（みじん切り）大さじ2　いりごま（白）小さじ1　ヤンニョムみそ（p7参照）大さじ1　粉唐辛子（中挽き）小さじ½　ごま油大さじ1〉

作り方

1 干し白菜は1.5cm幅に手で裂き、10cm長さに切る。

2 鍋に**1**と**A**を入れて中火で炒め、だし汁を加えて水分が少なくなるまで炒め煮する。

＊冷蔵庫で約3日間保存が可能。

干し野菜のしょうゆ漬け

마른야채장아찌 ◆マルンヤチェ・ジャンアチ

干し大根のしょうゆ漬け
干しズッキーニのしょうゆ漬け

材料と作り方

煮沸消毒した保存びんに干し大根（または干しズッキーニ）適量を入れ、万能しょうゆ（p6参照）、しょうゆ、水各適量を2:1:1の割合で混ぜ、かぶるまで注ぎ入れる（好みで青唐辛子1本、黒粒こしょう小さじ1を加えてもよい）。

干しなすのしょうゆ漬け

材料と作り方

煮沸消毒した保存びんに干しなす適量を入れ、万能しょうゆ（p6参照）、しょうゆ各適量を3:1の割合で混ぜ、かぶるまで注ぎ入れる。

＊冷蔵庫で約10日間保存が可能。3日目ぐらいが食べごろ。

干し野菜しょうゆ漬け入り
豆腐ハンバーグ

材料（4人分）

木綿豆腐1丁（400g）　溶き卵1個分　A〈干し野菜のしょうゆ漬け（白菜、ズッキーニ、なすなど）しぼってみじん切りにしたもの合わせて約½カップ　長ねぎ（みじん切り）大さじ5　こしょう少々　ごま油小さじ1〉　ごま油適量

作り方

1 豆腐は重しをのせて1時間おいてしっかり水きりし、つぶす。

2 **1**に**A**を加えて粘りが出るまでよく混ぜ、溶き卵をさっと合わせる。8等分して楕円形に平たく丸める。

3 フライパンにごま油を熱し、弱めの中火で**2**の両面を焼く。好みで大根おろしとおろししょうがを添える。

＊冷蔵庫で約3日間保存が可能。

干し野菜しょうゆ漬けのあえもの

材料（4人分）

干し野菜のしょうゆ漬け（ズッキーニ、なす、大根など）合わせて1カップ　ピーマン1個　長ねぎ4cm　A〈いりごま（白）、ごま油各小さじ1　粉唐辛子小さじ⅓〉

作り方

1 干し野菜のしょうゆ漬け、ピーマン、長ねぎはせん切りにする。

2 **1**を**A**であえる。

＊冷蔵庫で約3日間保存が可能。

干し野菜のチャプチェ

마른야채잡채 ◆マルンヤチェ・チャプチェ

材料（4人分）

韓国春雨50g　干しズッキーニ、干し大根、干し白菜各50g　ごぼう、にんじん各½本　玉ねぎ、赤ピーマン、ピーマン各½個　A〈だし汁50㎖　万能しょうゆ（p6参照）大さじ2（またはしょうゆ大さじ1、砂糖大さじ½）　いりごま（白）小さじ1　こしょう少々　ごま油大さじ1〉　油大さじ½

作り方

1 春雨はぬるま湯につけてもどす。野菜はすべて4〜5cm長さの細切りにする。

2 フライパンに油を熱し、野菜を固い順に入れて炒め合わせ、ボウルに取り出す。

3 **2**のフライパンに**A**を煮立て、**1**の春雨を入れて炒める。しっかり味がからんだら火を止めて**2**に加え、よくあえる。

＊冷蔵庫で約3日間保存が可能。

干し白菜とあさりのスープ

마른배추바지락조개국
◆マルンベチュ・バジラッ・ジョゲクッ

材料（4人分）

干し白菜2枚　あさり（砂出ししたもの）200g　長ねぎ（小口切り）5cm　A（だし汁4カップ　みそ大さじ2　おろしにんにく小さじ1）

作り方

1 干し白菜は7cm幅の斜め切りにする。

2 鍋に**A**と**1**を入れて中火にかけ、煮立ったらあさりを加える。殻が開いたら長ねぎを加えて火を止める。

＊冷蔵庫で約3日間保存が可能。

3

主菜になる常備菜《ミッパンチャン》

小皿料理のイメージが強いミッパンチャンですが、主菜になるおかずもいろいろあります。質のいい肉や魚が手に入ったときに作るのがおすすめ。夕食に食べたら、残りは翌日のお弁当や昼食に使えます。旅行や仕事で家を空けるときに、家族のために作っておくのにも打ってつけです。

牛テールの煮込み

꼬리찜 ◆コリ・チム

お正月やおもてなしのときにまとめて作る、ごちそう料理です。牛テールは牛の尾の固い部位ですが、圧力鍋で煮るととろとろに。コラーゲンたっぷりなので、美容にはもってこいです。こってりしすぎないように、唐辛子酢を加えるとさっぱり食べられます。残った煮汁は冷凍保存し、キムチチャーハンやチゲ、鍋（p93参照）などに利用します。

しょうゆやワインや唐辛子酢を入れた煮汁で煮る。

材料（作りやすい分量）

牛テール……1kg
大根……200g
にんじん……½本
干ししいたけ……4個
ぎんなん……10個

A
- しょうゆ……大さじ5
- 砂糖……大さじ2½
- 長ねぎ（みじん切り）……大さじ3
- おろしにんにく……大さじ1
- 水……1カップ
- ワイン（赤または白）……½カップ
- 唐辛子酢（p7参照。または酢）……大さじ1
- こしょう……少々
- ごま油……大さじ1

表面に浮いた余分な脂はボウルに取る。これを冷蔵庫で固めて、脂の下に溜まったスープを再利用するとよい。

作り方

1 牛テールは30分ほど水につけて血抜きをし、ざるに上げて水気をきる。

2 圧力鍋に**1**と**A**の材料を入れ、ふたをして強火にかける。蒸気が上がったら弱火にして、約40分煮る。火を止めて、圧が完全に下がったら、ふたを開けて表面に浮いた余分な脂を取り除く。

3 大根は大きめのひと口大に切り、にんじんは4㎝長さの4つ割りにし、ともに面取りをする。干ししいたけは水でもどす。ぎんなんは薄皮をむく。

4 **2**に**3**を加え、普通のふたをして中火で煮汁が⅓量になるまで煮詰める。

＊冷蔵庫で約3日間保存が可能。

圧力鍋で肉をやわらかく煮たら、野菜を加えて、普通のふたをして煮詰める。

鶏から揚げの甘辛

닭강정◆ダッ・カンジョン

息子たちが大好きで、小さいころの誕生会や遠足のお弁当には必ず作りました。二度揚げしたサクサクのころもに甘辛のたれがからみ、ご飯がすすみます。甘みは砂糖でなく水あめを使って照りよく仕上げるのが韓国流です。くるみを加えると味のアクセントになり、体にもいいのでおすすめします。

材料（4人分）

鶏もも肉……2枚（約500g）

A
- しょうがのしぼり汁……大さじ1
- 酒……大さじ1
- 塩、こしょう……各少々

B
- 万能しょうゆ（p6参照）……大さじ2
  （またはしょうゆ大さじ1、砂糖大さじ½）
- 水あめ……大さじ1（またははちみつ小さじ2）
- コチュジャン……小さじ1
- しょうがのしぼり汁……小さじ1

くるみ……20g

赤唐辛子（半分に切る）……3本

レモン（くし形切り）……½個

片栗粉……適量

揚げ油……適量

作り方

1 鶏肉は1枚を6等分くらいに切る。ポリ袋に入れて**A**を加え、よくもんでから10分ほどおいて下味をつける。

2 **1**に片栗粉を薄くまぶし、低温（約160℃）の揚げ油で揚げていったん取り出し、高温（約180℃）の油で一気にからっと揚げる。

3 鍋に赤唐辛子と**B**を入れ、煮立ったら**2**とくるみを加えて弱めの中火で煮からめる。好みでレモンをしぼる。

＊冷蔵庫で約3日間保存が可能。

肉に下味をつけるときは、ポリ袋を使うと便利。味がまんべんなくゆきわたり、洗いものも少なくてすむ。

最初は低温で揚げて、2度目は高温にして二度揚げする。

調味料が煮立ったところに、から揚げとくるみを入れて煮からめる。

たちうおの煮つけ

갈치조림 ◆カルチ・ジョリム

たちうおは韓国の済州島《チェジュド》の特産物で、刺身や塩焼きをはじめ、いろいろに調理して食べます。コチュジャン味のたちうおの煮つけは島の名物料理で、大抵じゃがいもや大根と一緒に煮てあります。韓国では魚を煮るときは大根のような野菜を入れて、旨味のしみた野菜の味も同時に楽しみます。魚は、まながつおやさわらでもおいしくできます。

材料（4人分）

たちうお（切り身）……4切れ
大根……3㎝
じゃがいも……1個
長ねぎ（青い部分）……15㎝
赤唐辛子……1本
A ┌ヤンニョムコチュジャン（p6参照）……大さじ3
　└だし汁……150㎖

作り方

1 大根は1.5㎝厚さの半月切りにし、じゃがいもは1.5㎝厚さの輪切りにする。長ねぎと赤唐辛子は1㎝幅の斜め切りにする。
2 鍋に**1**、混ぜ合わせた**A**の2/3量を入れ、大根がやわらかくなるまで中火で煮る。
3 大根とじゃがいもの上にたちうおをのせて残りの**A**を加え、落としぶたをして、途中で煮汁をスプーンでかけながら弱めの中火で約5分煮る。
＊冷蔵庫で約2日間保存が可能。

煮汁が全体にゆきわたるように、落としぶたをして、途中で煮汁をかけながら煮る。

済州島は食材の宝庫

朝鮮半島の最南端にある済州島《チェジュド》は海の幸が豊富で、たちうおやあまだいをはじめ、海女さんが潜って獲るあわび、うに、なまこも有名です。なかでもたちうおは島の名物で、9月から初冬にかけて獲れる一本釣りの魚は脂が乗っています。島を訪れたときに食べたたちうおのスープや煮ものは、それまでソウルで食べていたものとは違い、大きくて身も厚く、格別でした。このページで紹介しているたちうおの煮つけは、そのときに食べた味を再現しました。

たちうお以外にも、やりいかの刺身、うにのスープ、あまだいの焼きもの、あわび粥、さばの煮ものなどが印象に残っています。温暖な済州島はみかんの栽培も盛んで、黒豚の産地としても知られています。きじ料理の専門店もあり、揚げもの、餃子、しゃぶしゃぶ、めん料理などがコースでいただけます。

スペアリブの煮込み

돼지갈비찜 ◆デジカルビ・チム

脂身が多いスペアリブは、そのまま煮ると油っぽくなりがちなので、煮る前に肉を焼いて、余分な脂をふき取ります。一緒に煮るじゃがいもにも、骨からしみ出た旨味がしみ込んで、おいしくいただけます。にんじんや玉ねぎを入れてもいいでしょう。スペアリブの代わりに骨つきの鶏肉で作ることもできます。

肉から出た脂をふき取ってから、調味料を加えると、味もしみ込みやすくなる。

材料（作りやすい分量）

豚スペアリブ……600g
じゃがいも……3個
A
- 万能しょうゆ（p6参照）……½カップ
（またはしょうゆ50 mℓ、砂糖大さじ2）
- 長ねぎ（みじん切り）……大さじ3
- おろししょうが……1かけ分
- 水……1カップ
- ワイン（赤または白）……½カップ
- 唐辛子酢（p7参照。または酢）……大さじ1
- ごま油……大さじ1

油……大さじ1

作り方

1 じゃがいもは皮をむいて半分に切る。
2 フライパンに油を熱して豚スペアリブの両面を中火で焼く。
3 肉から出た脂をペーパータオルでふき取り、合わせた**A**とじゃがいもを加え、落としぶたをして中火で約20分煮る。ふたを取り、さらに煮汁が⅓量になるまで煮詰める。

＊冷蔵庫で約3日間保存が可能。

牛挽きのハンバーグ

양념떡갈비

◆ヤンニョム・トッカルビ

トッカルビは、本来は骨つきカルビの骨をはずしてたたき、焼いた骨に元のようにはりつけてから焼く、手の込んだ宮廷料理です。「トッ」はお餅のことで、餅のようにやわらかい食感がその名の由来です。私は、脂の少ない赤身肉を使います。エリンギを骨に見立てて、下に添えて盛りつけました。

万能しょうゆベースの照り焼き風のたれを煮立てて、肉に煮からめる。

材料（4人分）

牛挽き肉（赤身）…… 400g

玉ねぎ…… ½個

A
- 万能しょうゆ（p6参照）……大さじ4
  （またはしょうゆ大さじ2、砂糖大さじ1）
- 長ねぎ（みじん切り）……大さじ3
- おろしにんにく……大さじ1
- しょうがのしぼり汁……小さじ1
- 塩、こしょう……各少々
- ごま油……大さじ½

エリンギ……小2本

ごま油……小さじ1

B
- 万能しょうゆ……大さじ2
  （またはしょうゆ大さじ1、砂糖大さじ½）
- 水あめ、酒、水……各大さじ2
- しょうがのしぼり汁……小さじ1

松の実（みじん切り）……大さじ1

作り方

1 玉ねぎはみじん切りにする。牛挽き肉は**A**で下味をつけ、玉ねぎを加えて粘りが出るまで混ぜ、8等分して楕円形に丸める。

2 エリンギは縦に4等分の厚さに切る。フライパンにごま油を熱して両面を焼き、器に盛る。

3 フライパンに油を入れずに**1**を入れ、中火で焼き色がつくまで両面を焼き、取り出す。

4 **3**のフライパンに**B**を入れ、煮立ったら**3**をもどし入れ、つやが出るまで煮からめる。**2**のエリンギの上に盛り、松の実を散らす。

＊冷蔵庫で約3日間保存が可能。

みそ風味の豚肉の あぶり焼き

맥적 ◆ メッ・チョッ

メッ・チョッの「チョッ」はあぶるという意味があり、韓国の焼き肉「プルコギ」の原形といわれる料理です。野菜はのびるを使うことが多いですが、ここでは手に入れやすいにらを使いました。甘口のみそだれが豚肉とよく合い、白いご飯がほしくなる味です。

材料（4人分）

豚肩ロース肉（しょうが焼き用）…… 300g
にら…… 4本

A
- みそ、酒……各大さじ2
- おろしにんにく……大さじ1
- しょうがのしぼり汁……大さじ½
- はちみつ……大さじ1
- 砂糖……大さじ½
- 塩、こしょう……各少々
- ごま油……大さじ½

作り方

1 豚肉は脂身と身の間に包丁で切り込みを入れて筋切りする。

2 にらは細かくざく切りにし、**A**と混ぜ合わせ、**1**の豚肉を漬けて30分ほどおいて下味をつける。

3 魚焼きグリルで（またはフライパンで油を入れずに）、焦がさないように弱めの中火で色よく焼く。

＊ **2**の下味をつけた状態で、冷蔵庫で約３日間保存が可能。食べるときに焼く。

豚肉とごぼうの炒めもの

제육우엉볶음 ◆ジェユッ・ウオン・ボクム

ヤンニョムみそをベースにした、ご飯に合うほっとする味です。ごぼうをたくさん入れるのがポイントです。包丁でささがきにするよりも、ピーラーで薄切りにした方が手軽。火の通りも早く、食べたときの豚肉とのバランスもいいです。

材料（4人分）

豚切り落とし肉……200g

ごぼう……1本

A
- 長ねぎ（みじん切り）……大さじ2
- しょうがのしぼり汁……小さじ1
- ヤンニョムみそ（p7参照）……大さじ2
- しょうゆ……大さじ1
- 唐辛子酢（p7参照。または酢）……大さじ1
- 水……50㎖

いりごま（白）……大さじ½

粉唐辛子（中挽き）……小さじ½

ごま油……大さじ1

作り方

1 ごぼうはピーラーで薄く切る。

2 フライパンにごま油を熱し、豚肉を炒め、半分ほど火が通ったら**1**のごぼうを加えてさらに炒める。

3 合わせた**A**を加えて煮からめ、仕上げにごまと粉唐辛子を加える。

＊冷蔵庫で約3日間保存が可能。

鶏肉のプルコギ

닭불고기 ◆ダッ・プルコギ

「プル」は火、「コギ」は肉の意味で、韓国の焼き肉のこと。焼き立てが一番ですが、肉に下味をつけているので、冷めてもおいしくいただけます。魚焼きグリルで焼くときに、アルミ箔の上にのせて焼くと、しっとり焼き上がります。

材料（4人分）

鶏もも肉…… 300g
酒……大さじ2
長ねぎ（白い部分）…… 20㎝
A
- 万能しょうゆ（p6参照）……大さじ4
（またはしょうゆ大さじ2、砂糖大さじ1）
- 長ねぎ（みじん切り）……大さじ3
- おろしにんにく……小さじ1
- しょうがのしぼり汁……小さじ1
- 唐辛子酢（p7参照。または酢）……大さじ1
- こしょう……少々
- ごま油……大さじ½

粉唐辛子（中挽き）……少々

作り方

1 鶏肉は身の厚いところは切り開いて厚さを均一にし、酒をふる。
2 長ねぎはせん切りにし、水にさらして水気をきる。
3 ボウルに**A**を混ぜて**1**を入れて10分ほど漬ける。
4 アルミ箔の上に**3**をのせて、魚焼きグリルで両面を焼く（またはフライパンで油を入れずに焼く）。
5 **4**を食べやすく切って器に盛り、**2**を添えて、粉唐辛子をふる。

＊**3**の下味をつけた状態で冷蔵庫で約3日間保存が可能。

鶏肉の煮込み

닭찜 ◆ダッ・チム

本来は鶏一羽を丸ごと使う料理なので、どんな部位でも作れますが、骨つき肉など、いろいろな部位を混ぜて作るとさらにおいしくなります。ピリ辛の肉じゃがのような味わいで、さつまいもやトッポッキ（韓国の餅）を入れても合います。

材料（作りやすい分量）

鶏もも肉（または手羽元）…… 700g
じゃがいも…… 2個
玉ねぎ…… 1個
しし唐…… 8本

A
- しょうゆ……大さじ2½
- 砂糖……大さじ1
- ヤンニョムコチュジャン（p6参照）……大さじ2
- 長ねぎ（みじん切り）……大さじ4
- おろししょうが……小さじ1
- 唐辛子酢（p7参照。または酢）……大さじ1
- ごま油……大さじ½
- だし汁…… 1カップ

作り方

1 鶏肉とじゃがいもはひと口大に切り、玉ねぎは8等分にくし形切りにする。

2 フライパンに油を入れずに鶏肉を皮目から中火で両面を焼く。

3 鶏肉から出た余分な脂をペーパータオルでふき取り、**A**とじゃがいも、玉ねぎを加え、ふたをして10分ほど煮る。

4 ふたを取り、しし唐を入れて煮汁が少なくなるまで煮詰める。

＊冷蔵庫で約3日間保存が可能。

さんまのやわらか煮

꽁치조림◆コンチ・チョリム

子どもに魚を骨ごと食べてほしくて、圧力鍋で作るようになりました。もちろん普通の鍋でも作れますが、圧力鍋を使うと短時間の調理でも骨ごと食べられるので、ぜひお試しください。魚嫌いのお子さんも、これを食べれば魚が好きになるはずです。

最後はふたを取って煮汁を煮詰める。しっかり味をなじませると、日持ちもする。

材料（4人分）

さんま……2尾
長ねぎ……½本
しょうが……1かけ
にんにく……2片

A
- しょうゆ……大さじ2
- 酒……大さじ2
- みりん……大さじ2
- コチュジャン……大さじ1
- 水……½カップ
- 唐辛子酢（p7参照。または酢）……大さじ2

作り方

1 さんまは頭とはらわたを取り、きれいに洗って水気をふき、4等分に切る。

2 長ねぎは2㎝幅の斜め切りにする。しょうが、にんにくは薄切りにする。

3 圧力鍋に**2**を広げて入れ、**1**のさんま、**A**を入れ、ふたをして強火にかける。蒸気が出たら弱火にし15～17分煮る。火を止めてそのままおき、圧が下がったらふたを開けて煮汁が少なくなるまで煮詰める。

＊冷蔵庫で約3日間保存が可能。

魚介の塩辛チョッカル

塩辛は韓国語でチョッカルといい、魚介類を内臓とともに塩漬けした保存食品です。酵素によって発酵、熟成すると、タンパク質が分解されて独特な旨味が生まれます。そのまま食卓に並べて食べるだけでなく、キムチを漬けるときの調味料に欠かせません。キムチ作りによく使うのは、アミの塩辛、いしもちの塩辛、いわしの塩辛、たちうおの内臓の塩辛などです。

塩辛はそのほかに、東海岸ではすけそうだらの卵（明太子）やすけそうだらの腸の塩辛、いかの塩辛などがあります。西海岸では牡蠣の塩辛、アミの塩辛、南海岸ではいわし、かに、たこ、さざえ、あさり、まながつお、ほたるいかなどの塩辛があります。ソウルを中心として北の寒い地方は薄味で、南の暖かい地方は濃い目の味です。

私が子どものころは各家庭でチョッカルを作っていたので、母はチョッカル作りだけでも大忙しでした。質のいいアミが手に入る時期になると、塩と塩辛用の細長いハンアリ（壺）を車に積んで、産地まで買い出しに出かけていました。季節ごとに作るキムチの種類に合わせて、いろいろなチョッカルを作っていたようです。家にはチョッカル専用の地下室があり、チョッカル以外にも、ぶどう酒や山ぶどう酒などを入れたハンアリもたくさん並べられていました。地下室の上の階は、テンジャン（みそ）、コチュジャン（唐辛子みそ）、しょうゆなど、天日干しをするハンアリを置く場所でした。

いわしの塩辛やたちうおの内臓の塩辛は、骨が溶けるまで何年も寝かせてから、煮立てて、目の細かい布で漉した汁を保存びんに入れておきます。これがいわゆる魚醤で、料理やキムチ作りに使います。最近では市販のいわしエキスが簡単に手に入るようになったので、チョッカル同様、家庭で作る人も少なくなりました。

白身魚のジョン

흰살생선전 ◆ヒンサル・センソン・ジョン

素材の味を生かしたシンプルなジョンは、韓国ではお正月や行事のときに作る伝統的な料理です。油を少しずつ足しながら濃い焼き目をつけないようにゆっくり焼くのがコツです。日持ちもするので、翌日のお弁当のおかずにもなります。

材料（4人分）

白身魚（たら、ひらめ、かじきまぐろなど）……1切れ
塩、こしょう……各少々
小麦粉……適量
溶き卵……1個分
油……適量
葉（えごまの若葉、春菊、三つ葉など）……8枚
酢じょうゆ
- しょうゆ……大さじ1
- 酢……大さじ½

作り方

1 白身魚は5㎜厚さに切り、塩、こしょうをふる。小麦粉を薄くまぶし、溶き卵にくぐらせる。
2 フライパンに油小さじ1を熱し、**1**を入れて弱めの中火で焼き、裏に返して油小さじ1を足してさらに焼く。
3 葉を溶き卵にくぐらせて**2**の上にのせ、さっと焼きつける。酢じょうゆをつけていただく。

＊冷蔵庫で約3日間保存が可能。

えびの肉詰めジョン

새우전 ◆セウ・ジョン

えごまの葉に肉だねを挟んだジョンを33ページでご紹介しましたが、これもえびの腹側に小さく丸めた肉団子を詰めて焼く、ひと手間加えたジョンです。えびと牛肉の両方の味が楽しめます。こんなおかずが食卓やお弁当に一品あるとうれしいですね。

えびのカーブを利用して肉団子を包むようにする。

材料（4人分）

えび（殻つき）……8尾
牛挽き肉……30g
小麦粉、塩……各少々
溶き卵……1個分
油……適量
A
- 塩、こしょう、おろしにんにく、ごま油……各少々
- 長ねぎ（みじん切り）……小さじ1

作り方

1 えびは尾を残して殻をむき、背わたを取り、軽く塩をふる。
2 牛挽き肉は**A**を加えて下味をつけ、1㎝大に丸める。
3 **1**と**2**に小麦粉を薄くまぶし、えびの腹側に肉団子をつけて、楊枝で留める。
4 フライパンに油小さじ1を熱し、**3**を溶き卵にくぐらせて入れ、弱めの中火で焼き、裏に返して油小さじ1を足してさらに焼く。

＊冷蔵庫で約3日間保存が可能。

4

お酒のすすむ常備菜《ミッパンチャン》

ご飯のおかずとして親しまれているミッパンチャンですが、この章ではその中で酒のつまみに向くものを紹介します。渡りがにのしょうゆ漬けをはじめ、たたみいわしのヤンニョム焼きなど、韓国ならではの味が楽しめます。口当たりのいい韓国のにごり酒、マッコリと一緒にぜひどうぞ。

渡りがにのしょうゆ漬け

간장게장 ◆カンジャン・ケジャン

春に卵のいっぱい入ったメスの渡りがにで作ると、おいしさは格別です。必ず鮮度のよいかにを使ってください。産地で新鮮なまま冷凍したものを使ってもいいでしょう。漬け汁を煮立て、冷ましてからかににかけることを繰り返すことで、生臭みはまったくなくなります。甲羅にはご飯を入れて、かにみそと混ぜて食べると最高です。

材料（作りやすい分量）

渡りがに……４はい

青唐辛子、赤唐辛子……各１本

A
- 焼酎……½カップ
- しょうがのしぼり汁……大さじ２

B
- 玉ねぎ（薄切り）……½個
- にんにく（薄切り）……５片
- だし汁……４カップ
- しょうゆ……２カップ
- みりん……½カップ
- 塩……20g

作り方

1 かにはたわしできれいに洗い、水気をふく。甲羅をはずし、腹側にある三角状のフンドシを除く。胴の両脇にある灰色のひだ状のガニを取り除く。はさみで胴の真ん中を縦半分に切る。保存容器に並べて入れる。

2 **1**に**A**をふりかけ、冷蔵庫で15分ほどおく。途中で下にたまった汁を何度かかける。

3 鍋に**2**の容器にたまった汁と**B**を合わせて煮立てる。鍋ごと冷水につけて冷まし、**2**の容器に注ぎ入れ、３㎝長さに切った青唐辛子と赤唐辛子を加えて冷蔵庫に入れる。

4 2時間たったら汁だけ取り出して鍋で煮立て、冷ましてから再びかににかける。これを2時間おきにあと2回繰り返し、冷蔵庫に入れる。翌日に食べられる。

＊冷蔵庫で約１週間保存が可能。残ったら３日目に再び汁だけ鍋に入れて煮立て、冷ましてからかにかけて、冷蔵庫に入れる。おいしくなったところでかにと汁を別々に冷凍すると１か月保存が可能。食べるときに合わせるとおいしく食べられる。

いかの塩辛

오징어젓 ◆オジンオ・ジョッ

いかの内臓を使わずに、手軽に作れる塩辛です。キムチ同様、韓国にはいろいろな塩辛がありますが、日本の塩辛と違うのは、唐辛子を入れる点です。粉唐辛子をだし汁でのばし、しょうがやにんにくなどの香味野菜やごま油で漬けます。くせがないので、辛いのが大丈夫な方ならだれもが好きな味です。

粗塩と焼酎であえて一晩おき、臭みを取り、旨味を引き出します。

材料（作りやすい分量）

するめいかの胴……２はい分（約200g）

A
- 粗塩……大さじ１
- 焼酎……大さじ３

B
- 粉唐辛子（中挽き）……大さじ３
- だし汁……大さじ５
- 青唐辛子（１㎝幅に切る）……２本
- にんにく（みじん切り）……３片
- しょうが（みじん切り）……小さじ１
- 水あめ……大さじ２（またははちみつ大さじ１弱）

C
- 長ねぎ（みじん切り）……大さじ３
- ごま油……小さじ１

作り方

1 いかは皮をむいて細切りにし、**A**であえて冷蔵庫に一晩おく。

2 **B**の粉唐辛子をだし汁でのばしてから、残りの**B**の材料と混ぜ合わせる。

3 **1**をざるに上げて１時間ほどおいて水気をきり、**2**であえて保存容器に入れる。翌日から食べられる。食べるときに**C**を加えてあえる。

＊冷蔵庫で約１週間保存が可能。冷凍も可能でその場合は約１か月。

さきいかのあえもの

오징어채무침 ◆オジンオチェ・ムチム

おつまみのさきいかを使った定番のミッパンチャンです。ヤンニョムコチュジャンであえものにすれば、おつまみとしてだけでなく、ご飯のおかずにもぴったりです。

材料（作りやすい分量）

さきいか…… 150g

A
- ヤンニョムコチュジャン（p6参照）……大さじ4
- 水……大さじ2
- 水あめ……大さじ1（またははちみつ小さじ2）
- ごま油……大さじ1

いりごま（白）……大さじ1

ごま油……小さじ1

作り方

1 さきいかは6㎝長さに切る。

2 鍋に**A**を入れて煮立て、火を止めて**1**を入れてからめる。

3 **2**にごまとごま油を加えて混ぜる。

＊冷蔵庫で約2週間保存が可能。

コチュジャン肉みそ

소고기볶음고추장 ◆ソゴギ・ボクム・コチュジャン

日本人が海外旅行のときに梅干しを持っていくように、韓国では昔から長期の旅行のときにこの肉みそを持っていきます。外国の料理が口に合わなかったり、疲れたときにこれを食べると元気が出て、食欲も湧いてきます。ディップのように野菜につけてもおいしい。

材料（作りやすい分量）

牛挽き肉…… 100g

おろしにんにく……大さじ1

A
- コチュジャン…… 200g
- 水……大さじ4
- 水あめ……大さじ5（またははちみつ大さじ3）

松の実（みじん切り）……大さじ2

ごま油……大さじ1

作り方

1 深めの鍋にごま油とおろしにんにくを入れて炒め、牛挽き肉を加えて中火で炒める。

2 **A**を加えて弱火にし、木べらで混ぜながら水分を完全にとばして固くなるまで煮詰め、松の実を加えて混ぜ、火を止める。

＊冷蔵庫で約2週間保存が可能。

干しえび炒め

마른새우볶음 ◆マルン・セウ・ボクム

そのまま食べてもおいしいフレッシュでやわらかい干しえびを使うのがおすすめ。韓国ではみそ味のスープを作るときに干しえびを入れることが多いので、身近な食材です。コチュジャンやにんにくの風味がお酒によく合います。

材料（作りやすい分量）

干しえび…… 50g

みりん、いりごま（白）……各大さじ1

A
- 長ねぎ（みじん切り）……大さじ1
- おろしにんにく……大さじ½
- 万能しょうゆ（p6参照）……大さじ1
  （またはしょうゆ、砂糖各小さじ1）
- コチュジャン……小さじ1
- 水あめ……大さじ1（はちみつ小さじ2）
- 砂糖……大さじ½
- 油……大さじ1

作り方

1 フライパンに干しえびを入れてみりんを全体にふりかけて炒め、取り出す。

2 **1**のフライパンに**A**を入れて火にかけ、煮立ったら**1**のえびを加えて弱火で6分ほど煮からめ、仕上げにごまを加えてからめる。

＊冷蔵庫で約2週間保存が可能。

揚げ昆布

다시마튀김 ◆ダシマ・ティギム

揚げ昆布は韓国ではおつまみやおかずとして食べます。形は四角く切るだけでも構いません。高温で揚げると焦げやすいので注意してください。保存するときは、密閉容器に紙を敷いて入れると湿気ません。

材料（作りやすい分量）

早煮昆布……12×10㎝1枚
きび砂糖……小さじ2
松の実……10個
揚げ油……適量

作り方

1 昆布は固くしぼったぬれ布巾でふき、はさみで12×1㎝に切って結ぶ。結び目に松の実を差し込む。

2 **1**を中温（約170℃）の油で揚げ、油から出してすぐにきび砂糖をふる。

＊冷蔵庫で約2週間保存が可能。

たたみいわし揚げ

뱅어포튀김 ◆ベンオポ・ティギム

日本同様、韓国でもたたみいわしを食べますが、日本より値段は手ごろで、ミッパンチャンの定番です。そのままあぶるよりも、揚げたり、ピリ辛のコチュジャンを塗って焼き、ご飯のおかずとしてよく食べます。

材料（作りやすい分量）

たたみいわし……5枚
いりごま（白）……適量
揚げ油……適量

作り方

1 たたみいわしは約4×5㎝の大きさに切る。

2 フライパンに油を熱し**1**を焦げないようにカリッと揚げ、ごまをふる。

＊湿気が入らない容器に紙を敷いて入れる。
＊冷蔵庫で約1週間保存が可能。

たたみいわしのヤンニョム焼き

뱅어포양념구이 ◆ベンオポ・ヤンニョムグイ

コチュジャン風味のヤンニョムを塗ってあぶった、香ばしい一品。たれを塗るときは、たたみいわしを重ねておくと、はみだしたたれが下のたたみいわしに落ちて、無駄になりません。

材料（作りやすい分量）

たたみいわし……5枚

A
- コチュジャン……大さじ6
- 長ねぎ（みじん切り）……大さじ3
- いりごま（白）……小さじ1
- 水あめ……大さじ3（またははちみつ大さじ2）
- ごま油……大さじ1

作り方

1 **A**を混ぜ合わせ、たたみいわしの上面に薄く塗る。

2 焼き網で両面をあぶるか、フライパンで焼く。

3 約4×5㎝の大きさに切る。

＊冷蔵庫で約2週間保存が可能。

ラップを敷いてたたみいわしを重ねて置き、上から順に**A**を塗るとやりやすい。

5

伝統の漬けもの

韓国人の食卓に欠かせないキムチはすぐれた発酵食品で、韓国女性の美の元ともいわれています。おいしいキムチを作るためにチョンさんは白菜選びからこだわります。旬の野菜をキムチや酢じょうゆ漬け、みそ漬けにして季節の味を楽しみつつ、野菜の酵素もしっかりいただきます。

白菜キムチ

배추김치 ◆ペチュ・キムチ

キムチをおいしく作るポイントは二つ。ひとつは白菜の選び方。葉の巻きがゆるく水分の少ない白菜が向きます。育ちすぎて軸の部分が肉厚のものはキムチに向きません。二つ目は下漬けした白菜をしぼらないこと。ふせてざるにのせ、1～2時間かけて水気をきることで、歯触りよく仕上がります。まずは1株からキムチ作りに挑戦してください。

材料（作りやすい分量）

白菜……1株（2～2.5kg）
大根……400g
せり……½束
万能ねぎ……½束
粗塩（下漬け用）……50g

A ┌ 水……500㎖
　 └ 粗塩……100g

キムチ用のり（1カップ分）

┌ 餅米粉（または上新粉）……大さじ1
│ さつまいも（またはじゃがいも）……10g
└ 昆布だし……1カップ

B ┌ キムチの素（p7参照）……1½カップ
　 │ 粉だし（p7参照。いりこ、えび）……各大さじ3
　 └ いりごま（白）……大さじ1

作り方

白菜を下漬けする

1 白菜は軸の部分から半分まで包丁で切り込みを入れ、葉の部分は手で半分に裂く。さらに軸の部分に切り込みを入れて¼に裂く。

2 大きなボウルに**A**で塩水を作り、白菜を1時間漬ける。

3 しんなりしたら、白菜の株元の1枚1枚に粗塩をふり、再び**2**の塩水に入れて一晩（8時間以上）漬け込む。

4 下漬けした白菜をさっと水洗いし、ざるにふせて並べ1～2時間おいて自然に水きりする。

キムチの具を作る

5 キムチ用のりを作る。さつまいもは皮ごと小さく切る。だし汁、餅米粉と合わせてミキサーにかけて細かくする。鍋に入れて弱火にかけ、木べらで混ぜながら、のり状になったら火を止めて冷ます。

6 大根は4㎝長さのせん切りにし、せりと万能ねぎは2㎝長さに切る。大根に**B**をまぶし、せりと万能ねぎ、**5**を加えて混ぜ合わせる。

白菜を本漬けする

7 ポリ手袋をして、下漬けした**4**の白菜の内側の葉から外側へ、葉の間に**6**をまんべんなく塗り込むようにまぶす。

8 根元までしっかりまぶしたら白菜全体にもまぶし、外側の葉で全体を包む。やや大きめの保存容器に詰め（発酵すると汁が上がってくるので容器の8分目ぐらいまでに入れる）、ふたをする。室温において（春～秋は1日、夏は半日、冬は2～3日くらい）発酵させ、汁が上がってきたら冷蔵庫で保存する。

＊冷蔵庫で約2週間保存が可能。

1

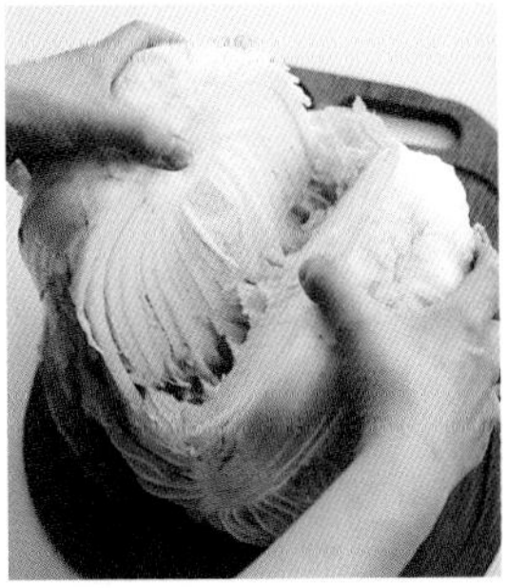

2

3

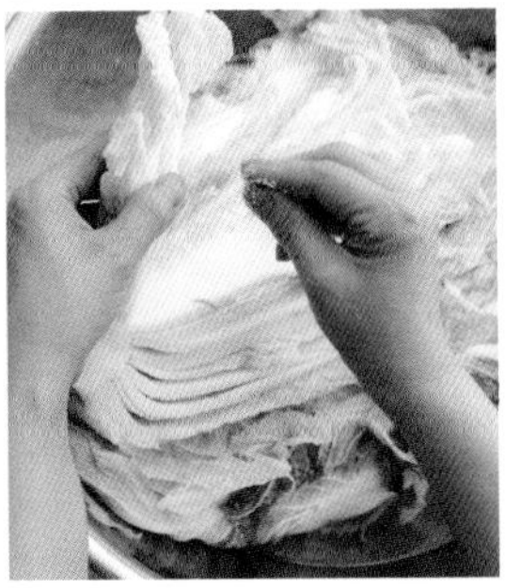

4

5

6

7

8

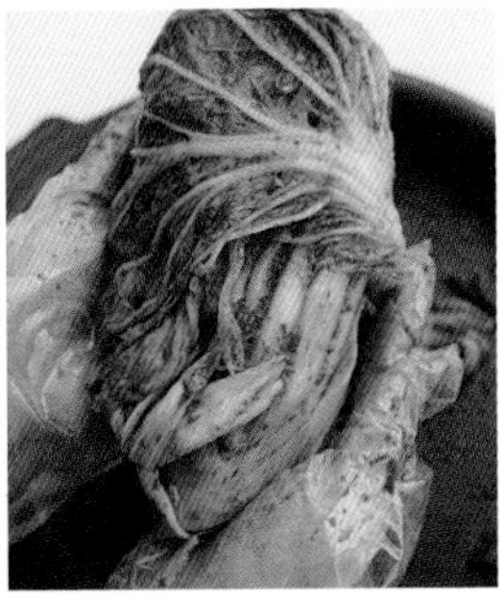

青じそとキャベツのキムチ

시소양배추김치◆シソ・ヤンベチュ・キムチ

酢と梅エキスを使ったさわやかな味わいのキムチです。私は青梅の出回る時期に梅エキスを作り、それを砂糖の代わりに使います。キャベツだけよりも、青じそやえごまの葉を合わせると香りもよく、切り口もきれいです。

材料（作りやすい分量）

青じそ……20枚
キャベツ……¼個
赤唐辛子……1本

A
- 酢　1カップ
- 梅エキス（p82参照）……¾カップ（または砂糖大さじ6）
- 水……½カップ
- 粗塩……大さじ1

作り方

1 キャベツは1枚ずつはがして固い軸は包丁で薄くそぎ取る。赤唐辛子は縦半分に切ってから1㎝幅に切る。

2 保存容器にキャベツと青じそを重ねて赤唐辛子を1切れのせ、これを繰り返して重ね、最後にキャベツをのせる。

3 Aをよく混ぜ合わせて**2**に注ぎ入れ、平皿で押さえて（または容器のふたできっちり押さえる）、冷蔵庫で2～3時間おく。全体がしんなりしたら食べごろ。食べやすく切って皿に盛る。

＊冷蔵庫で約2週間保存が可能。

キャベツと青じそがきれいな層になるようにきっちり重ねていく。

切り干し大根とするめいかのキムチ

무말랭이마른오징어김치 ◆ムマレンイ・マルンオジンオ・キムチ

キムジャン（キムチ作り）のあとに残った大根を大きめの拍子木切りにして乾かし、切り干し大根を作ります。それを使って作る定番のキムチで、かむほどに深い旨味を感じます。干しするめいかの代わりにさきいかでも作れます。

材料（作りやすい分量）

切り干し大根…… 100g
干しするめいか…… 1ぱい
万能ねぎ…… ½束

A
- いわしエキス（韓国の魚醤。またはナンプラー）……大さじ2
- 万能しょうゆ（p6参照）……大さじ1（またはしょうゆ、砂糖各小さじ1）

B
- おろしにんにく……大さじ1
- おろししょうが……小さじ1
- 粉唐辛子（中挽き）……大さじ3
- 水あめ……大さじ2（またははちみつ大さじ1 ½）
- いりごま（白）……大さじ1

ごま油……適量

作り方

1 干しするめいかは味が抜けないように少量の水につけてやわらかくなるまで2時間ほどふやかし、3㎝長さ、1㎝幅の大きさにはさみで切る。

2 切り干し大根はさっと洗ってざるに上げ、10分おいてから水気をしぼり、**A**で下味をつける。万能ねぎは5㎝長さに切る。

3 **2**に**1**と**B**を加えてあえ、保存容器に入れる。食べるときにごま油少々を加えてあえる。

＊冷蔵庫で約2週間保存が可能。

干しするめいかは水でやわらかくもどし、切り干し大根と同じくらいの大きさに切る。

浅漬けキムチ

배추겉절이 ◆ベチュ・コッチョリ

発酵させず、作ったらすぐに食べられるキムチです。下漬けした白菜を手で細く裂くと、味がからみやすくなります。酸味が好きな方は酢を加えてもおいしい。

材料（作りやすい分量）

白菜……¼株

A
- 水……500㎖
- 粗塩……75g

万能ねぎ、にら……各¼束

B
- キムチの素（p7参照）……大さじ2～3
- いりごま（白）……大さじ1
- ごま油……大さじ1

作り方

1 白菜は1枚ずつはがし、**A**の塩水に1時間漬ける。

2 万能ねぎとにらは3㎝長さに切る。

3 **1**をざるに上げて水気をきり、縦1～2㎝幅に手で細く裂く。

4 **B**を混ぜ合わせ、**2**と**3**を加えてあえる。

＊冷蔵庫で約2週間保存が可能。

白菜と大根の水キムチ

나박김치 ◆ナバッ・キムチ

韓国ではお正月や季節の行事など、おもてなしのときに作るキムチです。食卓に水キムチがあるときは、まずスッカラ（韓国のスプーン）で水キムチの汁を飲んでのどを潤します。キムチ用のりを入れて発酵を促し、発酵により微妙な酸味が出ておいしくなります。

材料（作りやすい分量）

白菜（中葉）……200g
大根……200g
粗塩……大さじ2
せりの茎……3本
万能ねぎ……3本
にんじん……適量
梨（またはりんご）……⅛個

A
- キムチ用のり（p71参照）……1カップ
- 水……4カップ
- おろしにんにく……大さじ1
- 梨（すりおろす。またはりんご）……¼個
- おろししょうが……小さじ1
- 粉唐辛子（粉末）……小さじ1～2
- 粗塩……大さじ1

作り方

1 大根、白菜は3㎝角の薄切りにし、粗塩をまぶす。
2 せり、万能ねぎは3㎝長さに切り、梨、にんじんは花型で抜き、薄く切る。
3 **A**をよく混ぜ合わせ、粉唐辛子がなじんできたら、目の細かいストレイナーで漉す。
4 保存容器に**1**と**2**を入れて**3**を注ぎ、塩（分量外）で味を調え、暖かい室温で一晩おいてから、冷蔵庫に入れて、冷えたらいただく。
＊冷蔵庫で約1週間保存が可能。

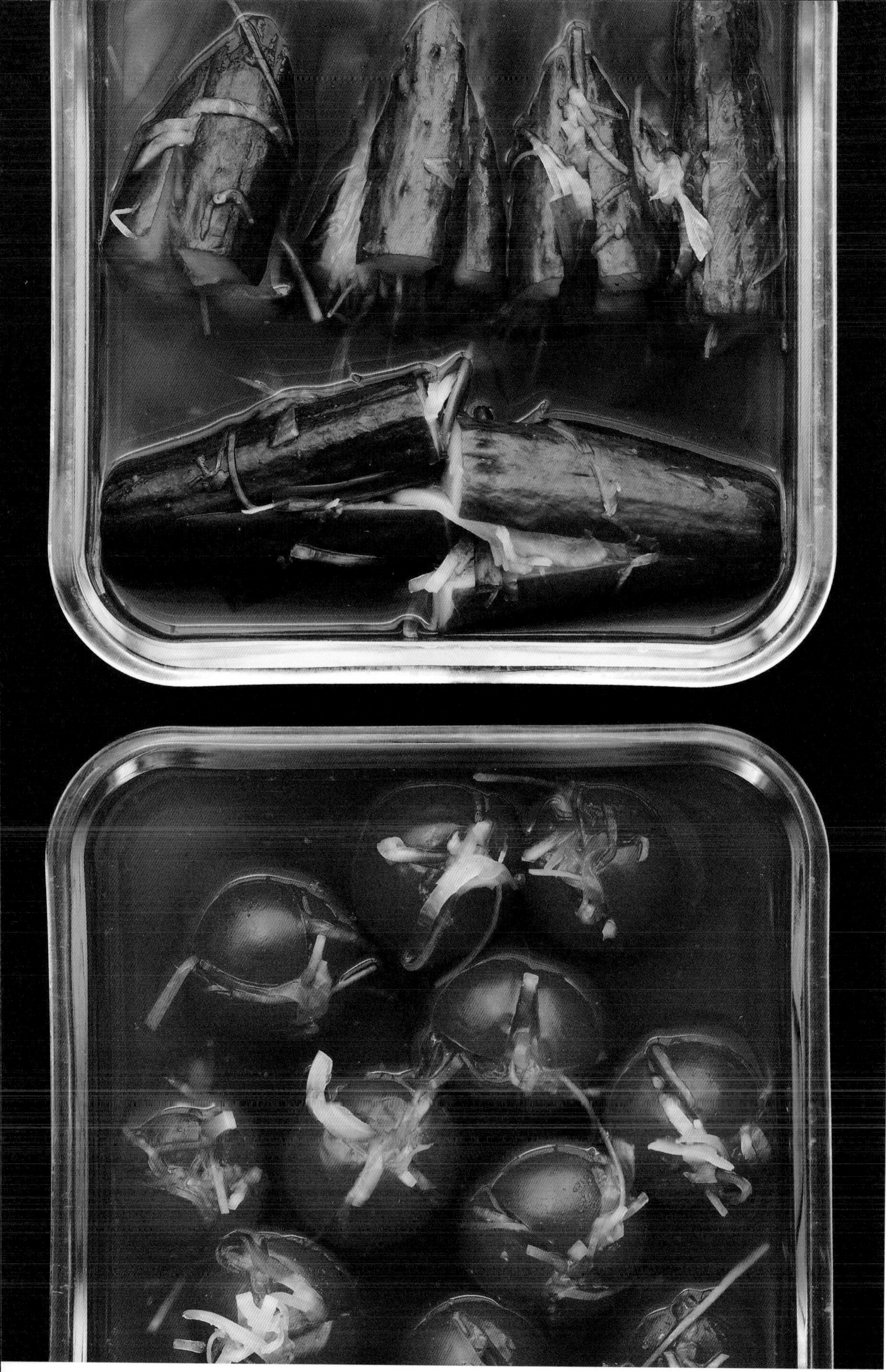

きゅうりの水キムチ　오이물김치◆オイ・ムルキムチ
トマトの水キムチ　토마토물김치◆トマト・ムルキムチ

サラダのようにいただけるキムチです。すぐに食べてもいいですし、酸味が出てきたころもおいしい。きゅうりは、切れ目を入れる前に塩に漬けると種の部分がやわらかくならず、歯触りよく仕上がります。トマトは大きいものでもいいですが、ミニトマトの方が食べやすく、オードブルのようにいただけます。

スッカラとチョッカラ

韓国では食事のときに金属製の箸（チョッカラ）とスプーン（スッカラ）を使います。置く位置は食卓の右側に、チョッカラは右に、スッカラはその左に二つを縦に並べます。スッカラはご飯やスープ、水キムチなどの汁ものや、細かくて箸でつまみにくいものを食べるときに使います。スッカラとチョッカラの持ち方や扱い方は、食事の作法として小さいころから厳しく教えられました。韓国ドラマを見た生徒さんから、いろいろ質問されることがありますが、チョッカラを持ったままスッカラを持つのは間違った作法ですので、注意してください。また､韓国では器は手に持たず、食卓に置いたまま食べるのがマナーです。

儒教の精神が根づいている韓国では年長者を敬う習慣から、食事はいちばん年長の人がスッカラを持つことで始まり、年長の人がスッカラを置くことで終わります。お酒を飲むときも年長の人から、体を少し斜めにそむけて、飲み口を手で隠すようにして飲むのが礼儀です。

材料（作りやすい分量）

きゅうり……4本（ミニトマトの場合は2パック）
大根、にんじん……各4㎝
粗塩……小さじ3（トマトの場合は小さじ2）

A
- キムチ用のり（p71参照）……½カップ
- 水……500㎖
- おろしにんにく……大さじ½
- 梨（すりおろす。またはりんご）……¼個
- おろししょうが……小さじ½
- 粉唐辛子（粉末）……小さじ1
- 粗塩……大さじ½

作り方

1 きゅうりは洗い、水をつけたまま粗塩小さじ2をまぶして1時間ほどおく（トマトの場合は、十字に切れ目を深く入れて粗塩小さじ1をふり、切れ目がやわらかくなるまで20～30分おく）。

2 大根、にんじんはせん切りにし、粗塩小さじ1をふって10分ほどおく。

3 **1**のきゅうりを4等分の長さに切り、切り口の片面に十字に切れ目を入れる。切れ目に**2**を等分に詰め（トマトの場合も切れ目に**2**を等分に詰め）、保存容器に入れる。

4 **A**を混ぜ合わせて目の細かいストレイナーで漉し、**3**に注ぎ入れる。冷蔵庫に入れて冷えたらいただく。

＊冷蔵庫で約1週間保存が可能。

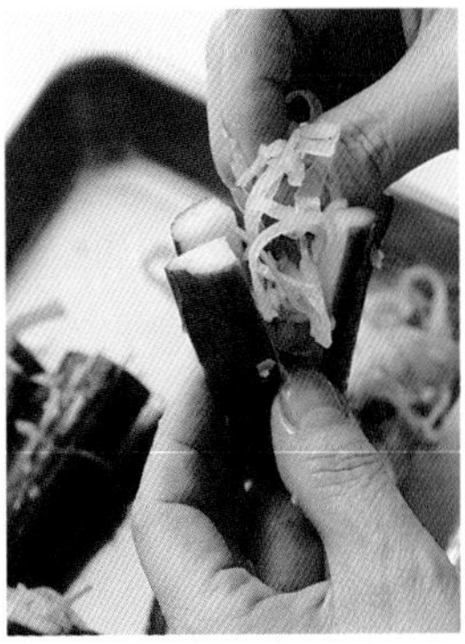

きゅうりは塩漬けしてから十字に切れ目を入れて、大根とにんじんを詰める。

野菜の酢じょうゆ漬け

야채초간장장아찌 ◆ヤチェ・チョガンジャン・ジャンアチ

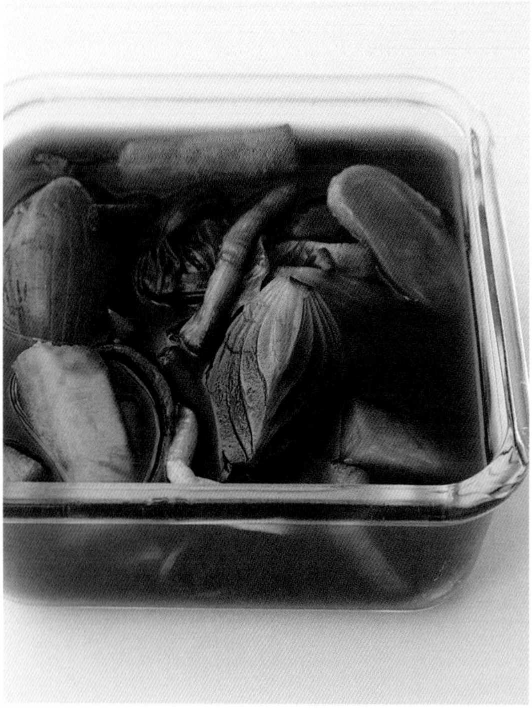

野菜はあるものでいいですが、新しょうがやえごまの葉など、香りのあるものを入れると香りが移り、おいしくなります。私はほかに青唐辛子、きゅうり、レモンなどもよく漬けます。刻んでご飯に混ぜたり、葉ものでおむすびを包むのもおすすめ。行者にんにくの葉は豚肉のポッサム（p12参照）に欠かせません。

材料（作りやすい分量）

野菜（のびる、小玉ねぎ、エシャロット、えごまの葉、新しょうが、行者にんにくの葉、大根など）……500g

A
- しょうゆ、酢……各100㎖
- 水……50㎖
- 砂糖……50～70g

作り方

1 野菜は食べやすい大きさに切り、耐熱の保存容器に入れる。

2 鍋に**A**を入れて煮立て、熱いまま**1**に注ぎ入れる。

3 1日おいて、漬け汁を再度煮立てて注ぎ入れ、冷ましてからふたをして冷蔵庫に入れる。5日おきに漬け汁を煮立てて入れると長持ちする。

＊冷蔵庫で約3か月間保存が可能。

包んで食べる楽しみ

葉ものなどの野菜で包んで食べることをポッサムといい、ポは福、サムは包むという意味があります。サムの材料には生野菜（サンチュ、えごまの葉、キャベツ、白菜、春菊など）のほか、蒸し野菜（キャベツ、白菜、豆の葉、かぼちゃの葉など）、野菜の酢じょうゆ漬け（行者にんにくの葉、えごまの葉など）のほかに、焼きのりやわかめなども使います。

ゆで豚のポッサム（p12参照）は、ゆで豚と白菜の塩漬けや行者にんにくの酢じょうゆ漬けの相性がよく、いくらでも食べられます。焼き肉もポッサムにすることで、さっぱりいただけます。ほかにも、サムパプ（ご飯を包んで食べる料理）や、ポッサムキムチ（海鮮や木の実など山海の幸を白菜キムチで包んだもの）など、サムの料理は奥深いです。

生わかめを沸騰したお湯に入れるとすぐに鮮やかな緑色に変わり、これにご飯とコチュジャンをのせて包んで食べるとてもさわやかです。子どものころ、オモニがおいしそうに食べているサムを見て、私も真似して食べたいのですが包めず、オモニが小さく包んで口に入れてくれたのもなつかしい思い出です。

左上から時計回りに、のびる、小玉ねぎ、エシャロット、えごまの葉、新しょうが、行者にんにくの葉。

カリフラワーの甘酢漬け

컬리훌라워초절임 ◆カリフラワー・チョジョリム

甘酢を煮立て、熱いうちに野菜にかけて漬けるので、ツンとした酸味もなく、短時間で野菜によくなじみます。漬け汁はドレッシングに使ったり、煮ものに利用することもできます。

材料（作りやすい分量）

カリフラワー……1個
赤唐辛子（7～8㎜長さに切る）……3本
にんにく（薄切り）……3片
A
- 酢……1カップ
- 梅エキス（p82参照）……¾カップ（または砂糖大さじ6）
- 水……½カップ
- 塩……小さじ1

作り方

1 カリフラワーは小房に分け、熱湯でさっとゆで、水気をきる。
2 耐熱の保存容器に**1**、赤唐辛子、にんにくを入れる。
3 小鍋に**A**を煮立て、**2**に注ぎ入れる。
＊冷蔵庫で約2週間保存が可能。

れんこんの甘酢漬け

연근초절임 ◆ヨングン・チョジョリム

酢は普通のものでも構いませんが、赤じそ酢を使うと真っ白なれんこんがピンク色に染まり、きれいです。サラダやのり巻きに入れるのもおすすめ。

材料（作りやすい分量）

れんこん……200g
A
- 赤じそ酢……1カップ
- 梅エキス（p82参照）……¾カップ（または砂糖大さじ6）
- 水……½カップ
- 塩……小さじ1

作り方

1 れんこんは皮をむいて薄い輪切りにする。
2 熱湯に酢少々（分量外）を入れて**1**をさっとゆでる。湯をきって、耐熱の保存容器に入れる。
3 小鍋に**A**を煮立て、**2**に注ぎ入れる。
＊冷蔵庫で約1か月間保存が可能。

青梅のみそ漬け

매실된장장아찌 ◆メシル・デンジャン・ジャンアチ

青梅は、みそに漬ける前に砂糖をまぶして下漬けし、それからみそに漬けます。これにコチュジャンをつけて食べてもおいしい。下漬けのときに出るのが梅エキスで、私はこれを砂糖の代わりに料理に使います。酵素が含まれているので、水で薄めて飲むと疲れが取れます。

材料（作りやすい分量）

青梅……１kg
砂糖……１kg
みそ……１カップ
万能ねぎ（小口切り）、いりごま（白）、ごま油
……各適量

作り方

1 青梅は洗って水気をふき、包丁で種を切り取り、４等分に切る。
2 **1**に砂糖をまぶして大きめの保存容器に入れ、１週間は毎日清潔な手でかき混ぜて、３か月おく（梅から出たエキスから梅が出ないように皿などをのせて重しをする）。
3 梅と梅から出たエキスを分ける（エキスはびんに入れて、砂糖の代わりに料理に用いる）。
4 **3**の梅にみその⅔量をまぶして保存容器に入れ、残りのみそをかぶせる。３日目から食べられる。食べるときに万能ねぎ、いりごま、ごま油各少々とあえる。
＊冷蔵庫で約１年間保存が可能。

青唐辛子のみそ漬け

고추된장장아찌 ◆ゴチュ・デンジャン・ジャンアチ

辛みのある青唐辛子は、薬味や甘みをプラスしたヤンニョムみそに漬けます。辛みが強いので、ポリ手袋をして作業してください。うどんや鍋に刻んで入れてもおいしい。

材料（作りやすい分量）

青唐辛子……100g
A［水……500㎖
　 粗塩……50g
ヤンニョムみそ（p7参照）……１カップ

作り方

1 小鍋に**A**を煮立て、ひと冷ましする。
2 青唐辛子はフォークで数か所刺して味をしみ込みやすくし、保存容器に入れる。
3 **2**に**1**を注ぎ入れ、辛みがほどよく抜けるまで１週間ほどおく（塩水から出ないように皿などで重しをする）。
4 味をみて塩辛い場合は、水につけて塩気を抜き、ざるに上げて水気がなくなるまで乾かす。
5 **4**にヤンニョムみその⅔量をまぶして保存容器に入れ、残りのヤンニョムみそをかぶせる。１週間後から食べられる。食べるときに小口切りにしてもよい。
＊冷蔵庫で約１年間保存が可能。

なすのみそ漬け

가지된장장아찌 ◆カジ・デンジャン・ジャンアチ

なすは水分が多いので、半日干して余分な水分をとばし、食感よく仕上げます。ヤンニョムみその塩加減となすの甘さによって、みそに水あめを加えることもあります。

材料（作りやすい分量）

なす……４個
ヤンニョムみそ（p7参照）……１カップ
万能ねぎ（小口切り）、いりごま（白）、ごま油
……各適量

作り方

1 なすは縦4等分にして天日で半日干す。
2 **1**にヤンニョムみその⅔量をまぶして保存容器に入れ、残りのヤンニョムみそをかぶせる。３日目から食べられる。食べるときに５㎝長さに切り、万能ねぎ、いりごま、ごま油各少々とあえる。
＊冷蔵庫で約６か月間保存が可能。

柿のコチュジャン漬け

감고추장장아찌 ◆カム・コチュジャン・ジャンアチ

甘い柿を辛く漬けると、意外なおいしさが味わえます。渋柿の場合は、へたを焼酎に漬けてからポリ袋に入れ、数日おいて渋抜きしてから漬けてください。

材料（作りやすい分量）

柿（硬いもの）……5個

A［コチュジャン（p95参照）……250g
　 水あめ……大さじ2（またははちみつ大さじ1½）

作り方

1 柿は2㎝厚さの輪切りにして種を取り、ざるにのせて日当たりと風通しのよい場所で2日間干す。

2 **A**を混ぜ合わせ、⅔量を**1**にまぶして保存容器に入れ、残りの**A**をかぶせる。1週間たったら食べごろ。

＊冷蔵庫で約6か月間保存が可能。

にんにくの茎のコチュジャン漬け

마늘쫑고추장장아찌 ◆マヌルチョン・コチュジャン・ジャンアチ

コチュジャンににんにくと水あめを加えると、辛いだけでない風味のよい漬けものになります。塩水に漬けてにんにくの茎の辛みを抜きますが、急いでいるときは、さっとゆがいて辛みを抜けばいいのです。

材料（作りやすい分量）

にんにくの茎……2束

A［水……500㎖
　 塩……50g

B［コチュジャン（p95参照）……100g
　 水あめ……大さじ3（またははちみつ大さじ2）

いりごま（白）、ごま油……各適量

作り方

1 にんにくの茎は5㎝長さに切り、保存容器に入れる。

2 小鍋に**A**の塩水を煮立て、ひと冷まししてから**1**に注ぎ入れ、3～4日おく。

3 味をみて塩辛い場合は、水につけて塩気を抜き、ざるにのせて水気がなくなるまで乾かす。

4 **B**を混ぜ合わせ、⅔量を**3**にまぶして保存容器に入れ、残りの**B**をかぶせる。1週間たったら食べごろ。食べるときに、ごまとごま油を加えてあえる。

＊冷蔵庫で約6か月間保存が可能。

ごぼうのコチュジャン漬け

우엉고추장장아찌 ◆ウオン・コチュジャン・ジャンアチ

ごぼうもコチュジャンと相性のいい野菜。漬けたコチュジャンは、肉の炒めものや、野菜のあえものなどに使います。

材料（作りやすい分量）

ごぼう……2本（300g）

塩……大さじ½

A［コチュジャン（p95参照）……300g
　 水あめ……大さじ3（またははちみつ大さじ2）

いりごま（白）、ごま油……各適量

作り方

1 ごぼうはたわしで洗って5㎝長さの4つ割りにし、塩をふる。

2 **1**の水気をきってざるに上げ、水気がなくなるまで乾かす。

3 **A**を混ぜ合わせ、⅔量を**2**にまぶして保存容器に入れ、残りの**A**をかぶせる。2週間たったら食べごろ。食べるときに、ごまとごま油を加えてあえる。

＊冷蔵庫で約6か月間保存が可能。

上／柿のコチュジャン漬け　中／にんにくの茎のコチュジャン漬け　左下／ごぼうのコチュジャン漬け

きのこのにんにくじょうゆ漬け

버섯숙장아찌 ◆ ボソッ・スッ・ジャンアチ

水分の多いきのこは、ごま油で軽く焼きつけてから、煮立てた漬け汁に漬けます。ごま油の風味がきいて香ばしくなります。いろいろなきのこを一緒に漬けると、食べる楽しみも広がります。そのままおかずになり、サラダやあえものに使うこともできます。

材料（作りやすい分量）

マッシュルーム、エリンギ、しめじ、しいたけ
……各½パック

赤唐辛子……２本

A
- しょうゆ……大さじ５
- 砂糖……大さじ１
- 水……２カップ
- にんにく（薄切り）……５片

ごま油……大さじ２

作り方

1 マッシュルームとしいたけは石づきを取る。エリンギは縦半分に切り、しめじは小房に分ける。

2 フライパンにごま油を熱し、すべてのきのこを入れて軽く焼きつける。

3 保存容器に**2**と赤唐辛子を入れる。

4 小鍋に**A**を合わせて煮立て、熱いうちに**3**に注ぎ入れる。２～３時間漬けたら食べられる。２日後に漬け汁だけ煮立てて、熱いうちに注ぐ。

＊冷蔵庫で約２週間保存が可能。

6

常備菜《ミッパンチャン》を使って

ミッパンチャンは、そのまま食べるだけでなく、おむすびの具にしたり、ほかの料理にアレンジすることができる点もすぐれています。この章では、これまでに紹介したミッパンチャンを使って、応用料理を紹介します。

お弁当やランチに

刻んで混ぜたり包んだり

いろいろおむすび

주먹밥◆ジュモッ・パプ

しっかり味のついたミッパンチャンは、おむすびの具に最適。刻んでご飯に混ぜたり、漬けものの葉で包んだり、使い方は自在です。ご飯を雑穀ご飯にするなど、自分好みの組み合わせを楽しんでください。

おむすびの具（写真左上から時計回りに）

のりのしょうゆ漬け（p22参照）
えごまの葉の酢じょうゆ漬け（p78参照）
牛肉のしょうゆ煮（p9参照）
野菜の酢じょうゆ漬け（p78参照）＋いりごま（白）
じゃこのいり煮（p15参照）
ごぼうのたれ焼き（p43参照）＋えごまの葉

本書で紹介した常備菜を使って
お弁当を作ってみました

チョンさんの常備菜弁当

忙しい朝のお弁当作りに役立つのがミッパンチャンです。ここではいろいろな種類を詰めましたが、肉、魚（じゃこや干しえびなどを使ったもの）、卵焼き、野菜（水キムチなど）、ふりかけの5種類のおかずを基本にするとバランスがとれます。野菜のおかずにナムルもいいですが、夏は傷みやすいので気をつけてください。

3種のミッパンチャンで

韓国のり巻き

김밥◆キム・パプ

ご飯にごま油を混ぜた韓国のり巻き。彩りや味のバランスを考えて。ふりかけや漬けものなど3種類のミッパンチャンを具に使います。

漬けものと卵焼きは細く切り、干しだらのふりかけと一緒に並べて、巻く。

材料（1本分）

雑穀ご飯……180g

A ┌ 塩……少々
　 └ ごま油……小さじ1

焼きのり……1枚

干しだらのふりかけ（p16参照）……大さじ2

明太子入り卵焼き（p22参照）……2切れ

大根の酢じょうゆ漬け（p78参照）……3切れ

作り方

1 ご飯に**A**を加えてあえる。

2 大根の酢じょうゆ漬けと明太子入り卵焼きは細く切る。

3 巻きすの上に焼きのりをのせ、奥を5㎝残して**1**を広げる。手前に干しだらのふりかけと**2**を並べて巻き、巻き終わりをしっかり留める。食べやすく切って、器に盛る。

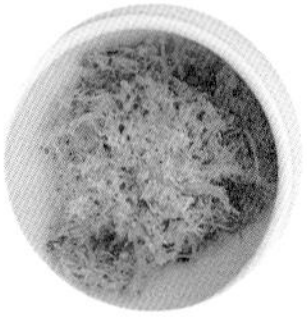

おかずにアレンジ

酢じょうゆ漬けの漬け汁をドレッシングに利用

鶏むね肉と酢じょうゆ漬けのサラダ

양파장아찌닭가슴살샐러드
◆ヤンパ・ジャンアチ・ダッカスムサル・セラドゥ

材料（2人分）

鶏むね肉……１枚
小玉ねぎの酢じょうゆ漬け（p78参照）
……４切れ
新しょうがの酢じょうゆ漬け
（p78参照）……５枚
ルッコラ……１パック
ドレッシング
- 酢じょうゆ漬けの漬け汁
……¼カップ
- 練りわさび……小さじ½
- ごま油……小さじ1

作り方

1 厚手の鍋に鶏むね肉を皮目を下にして入れ、焼き色がついて脂が抜けるまで焼く。キッチンペーパーで余分な脂をふき取り、ふたをしてごく弱火で７分ほど蒸し焼きにする。火を止めて５分蒸らす。
2 1を薄くそぎ切りにする。
3 器に、2、小玉ねぎの酢じょうゆ漬け、細く切った新しょうがの酢じょうゆ漬け、ルッコラを盛り、よく混ぜたドレッシングをかける。

残った煮込み料理が新たなおかずに変身!

鶏煮込みのトッポッキ

닭찜떡볶기 ◆ダッチム・トッポッキ

材料（2人分）

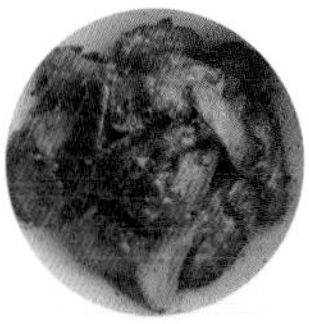

鶏肉の煮込みと煮汁（p59参照）
……１カップ
さつまいも……200g
トッポッキ（棒状）……300g
A［だし汁……½カップ
　ヤンニョムコチュジャン（p6参照）……大さじ1

作り方

1 さつまいもは皮ごと３㎝幅に切る。
2 鍋に鶏肉の煮込みとAを入れて混ぜ、1とトッポッキを入れて、さつまいもがやわらかくなるまで煮る。

のりのしょうゆ漬けが調味料代わりに

のりジョン

김전◆キム・ジョン

材料（8枚分）

のりのしょうゆ漬け（p22参照）……3枚
もやし……½袋
桜えび……適量
A［小麦粉……100g
　 水……150㎖
油……適量

作り方

1 もやしはざく切りにする。
2 ボウルにAを混ぜ合わせ、のりのしょうゆ漬けをほぐして入れ、1を加える。
3 フライパンに油少々を熱し、2を直径6㎝くらいに広げ、桜えびを等分にのせて弱めの中火でじっくり焼く。裏に返して油少々を足して香ばしく焼く。

漬けものを炒めものに使用。味に深みが出ます

にんにくの茎の漬けものと牛肉の炒めもの

마늘장아찌소고기볶음
◆マヌル・ジャンアチ・ソゴギ・ボクム

材料（2人分）

にんにくの茎のコチュジャン漬け（p84参照）
　……80g
牛肉（焼き肉用）……150g
しょうゆ……大さじ1
砂糖……大さじ½
いりごま（白）……小さじ1
ごま油……小さじ2

作り方

1 牛肉は細切りにし、しょうゆと砂糖をまぶして下味をつける。
2 にんにくの茎のコチュジャン漬けは水で洗って水気をきる。
3 フライパンにごま油を熱し、1の肉を炒め、色が変わったら2を加えて炒め、仕上げにごまを加えて炒め合わせる。

ご飯やめんに

牛肉のしょうゆ煮がアクセント

豆もやしスープご飯

콩나물국밥 ◆コンナムル・クッパプ

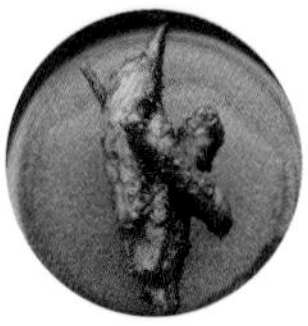

材料（1人分）

ご飯…… 150g

牛肉のしょうゆ煮（p9参照）

…… 1切れ

白菜キムチ（p71参照。細かく刻む）

…… 50g

しし唐のみそあえ（p30参照。

小口切り） ……適量

豆もやし…… 50g

焼きのり……適量

だし汁…… 300 ㎖

作り方

1 牛肉のしょうゆ煮は手で細く裂く。

2 耐熱の器にご飯、白菜キムチ、しし唐のみそあえ、豆もやしの順に入れてだし汁を注ぎ、火にかける。煮立ってきたら **1** と焼きのりを手でもんでのせる。

ナムル＋肉のおかずをのせて

ピビンめん

비빔면 ◆ピビン・ミョン

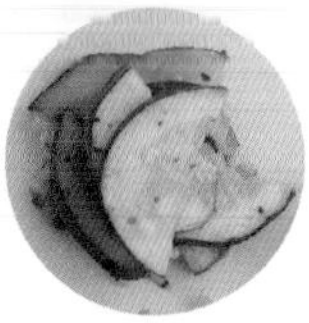

材料（1人分）

そうめん…… 100g

牛挽きののし焼き（p20参照）

…… 1切れ

しいたけのヤンニョム焼き

（p35参照）…… 1個

ズッキーニナムル（p29参照）

…… 5切れ

A ┌ ヤンニョムコチュジャン
  │ （p6参照）……大さじ3
  └ ごま油……大さじ1

作り方

1 牛挽きののし焼きは細かくほぐす。しいたけのヤンニョム焼きは薄切りにする。

2 そうめんはゆでて、冷たい水で洗って水気をきる。

3 **2** を **A** であえて器に盛り、**1** とズッキーニナムルをのせる。

スープや鍋に

手間のかかる干しだらの料理が簡単に

干しだらのチゲ

북어찌개 ◆プゴ・チゲ

材料（2人分）

干しだらのヤンニョム焼き（p16参照）
……４切れ
大根……４㎝
長ねぎ……５㎝
だし汁……２カップ
ヤンニョムコチュジャン（p6参照）……大さじ２

作り方

1 大根は１㎝厚さの半月切りにする。長ねぎは小口切りにする。

2 鍋にだし汁と大根、干しだらのヤンニョム焼きを入れ、好みでヤンニョムコチュジャンを加えて、大根に火が通るまで煮る。仕上げに長ねぎを加える。

ミッパンチャンを並べたごちそう鍋

簡単宮廷鍋

궁중전골 ◆グンジュン・ジョンゴル

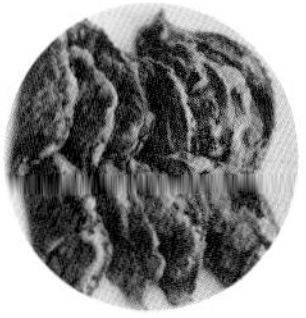

材料（4人分）

A
- 牛挽きののし焼き（p20参照）……４切れ
- えごまの葉ジョン（p33参照）……４個
- 白身魚のジョン、えびの肉詰めジョン（p62参照）……各４個
- きのこのにんにくじょうゆ漬け（p86参照）……２個
- 明太子入り卵焼き（p22参照）……４切れ
- 厚揚げの肉詰め（p21参照）……４切れ

大根、にんじん……各50g
玉ねぎ……½個
いんげん……４本

B
- 牛テールの煮込みの煮汁（p49参照）……１カップ
- だし汁……４カップ

作り方

1 大根、にんじんは５㎝長さの短冊切りにし、玉ねぎはくし形に切る。いんげんは５㎝長さに切る。

2 鍋に**A**の料理、**1**を彩りよく盛り、**B**を注ぎ入れて煮る。

手作りコチュジャン

　コチュジャンは韓国人にとって欠かせない調味料です。おいしいコチュジャンを作るために唐辛子を選ぶところからこだわります。昔は唐辛子が収穫される秋に1年分の生の唐辛子を買い、家で天日干しするのが当たり前でした。庭は子どもが遊ぶスペースもないくらい赤い唐辛子でいっぱいになり、お日様の動きに合わせて少しずつ移動させながら干していました。乾燥が終わったら固くしぼったふきんで1本1本きれいに拭き、へたを取り、はさみで縦半分に切って種を取り、それをバンアカン（唐辛子を粉に挽いてくれる店）に持っていきます。この時期のバンアカンは皆マスクをして作業をしています。粉唐辛子は料理によって使い分けるので 粗挽き、中挽き、細挽き（粉末）の3種類に分けて挽いてもらいます。種は、キムチやみそを作るときなどに使うので、とっておきます。

　韓国でよい唐辛子というのは身が肉厚で甘みがあるもの。粉にしたときの量も肉厚の方が多くとれます。大抵、大きいものは甘口で、小さいものは辛口です。各家庭で好みの産地や辛さのものを選んで購入し、ブレンドして使います。キムチには中挽きを、コチュジャンには細挽きを使います。

　冬になるとみそやコチュジャンを作るのに必要なメジュ（みそ玉）作りが始まります。ゆでた大豆をつぶしてから固め、外側を乾燥させてわらで結び、日当たりと通風しのいい場所に吊るして乾燥させます。それに布団をかぶせて暖かいオンドルに7日ぐらいおくと白いカビができます。伝統的なコチュジャン作りは、カビができたメジュを粉にして、蒸した餅米と粉唐辛子、塩を混ぜてカメに入れ、天日干ししながら発酵させます。日本では気候の違いもありますし材料をそろえるのも難しいので、発酵させずに冷蔵庫に入れて1週間後から使える簡単な作り方をご紹介しますので、ぜひお試しください。

天日干しをして種を取った韓国産の赤唐辛子。

用途によって挽き方を変えて用いる。

収穫した赤唐辛子は天日干しに。

コチュジャンの作り方

材料（作りやすい分量）

A
- 水あめ……250g
- 水、酒……各40mℓ
- 塩……3g

麹みそ……200g

みりん……25mℓ

粉唐辛子（粉末）……75g

作り方

1 厚手の鍋に**A**を入れて火にかけ、煮立ったらすぐ火を止めて、また火をつけ、再び煮立ったら火を止めて45℃ぐらいに冷ます（写真①）。

2 大きなボウルに麹みそを入れて**1**を3～4回に分けて加えて混ぜながらのばし、みりんを加えて混ぜる（写真②）。

3 **2**に粉唐辛子を加えてよく混ぜる（写真③）。

4 煮沸消毒した保存容器に入れて、冷蔵庫で1週間寝かせる。

＊冷蔵庫で約1年間保存が可能。

①

②

③

チョン・テキョン（鄭泰慶）

韓国ソウル生まれ。梨花女子大学卒業。黄慧性韓国宮中飲食研究院および伝統餅菓教育院修了。1975年来日し、駐日韓国大使館勤務の傍ら、懐石料理、和菓子、フランス料理などを修得、テーブルコーディネーターの資格や小原流生け花師範免許を取得する。79年に韓国に帰国後、本格的に韓国宮廷料理を研究。87年再来日し、日本で韓国料理教室を主宰。テレビ、雑誌、新聞、講演等を通じ韓国料理文化の普及に励む。現在は韓国在住。著書に『家庭で楽しむ 韓国精進レシピ』（河出書房新社）、『秘伝のレシピで若返る韓国美人食』（NHK出版）、『The Korean Table』（Tuttle社）などがある。

撮影	木村拓
新装版カバーデザイン	GRiD
本文デザイン	石井眞知子（株式会社グラフマーケット）
スタイリング	中安章子
調理アシスタント	申香淑、孫一善、影下万里子、李春和
器協力	金德姫（p8、28、33、35、36、38、48） 角りわ子（p6、7、59、74、86）
取材・構成	内田加寿子

本書の内容に関するお問い合わせは、
お手紙かメール（jitsuyou@kawade.co.jp）にて承ります。
恐縮ですが、お電話でのお問い合わせは
ご遠慮くださいますようお願いいたします。

野菜たっぷり作りおきおかず95品
新装版 家庭で作れる韓国の常備菜

2013年 3月30日　初版発行
2021年12月20日　新装版初版印刷
2021年12月30日　新装版初版発行

著　者　チョン・テキョン（鄭泰慶）
発行者　小野寺優
発行所　株式会社河出書房新社
〒151-0051
東京都渋谷区千駄ヶ谷2-32-2
電話　03-3404-1201（営業）
03-3404-8611（編集）
https://www.kawade.co.jp/
印刷・製本　二松堂株式会社

Printed in Japan
ISBN978-4-309-28944-1

本書は2013年小社刊『家庭で作れる韓国の常備菜』を新装したものです。